行政書士
実務成功の条件と報酬額

―行政書士制度改革への展望―

行政書士 後藤 紘和

大成出版社

発刊にあたって

　昭和26（1951）年2月22日に法律第4号で公布され、同年3月1日に施行された行政書士制度は、今年で満61周年を迎えました。

　昭和47（1972）年4月に開業した筆者の事務所も今年で満40周年を迎えます。

　その間、筆者は多忙な仕事の傍ら、行政書士法の研究書として昭和57年には『行政書士法の解説』を、平成元年には『行政書士制度の成立過程―帝国議会・国会議事録集成―』を、行政書士の実務書として平成元年には『行政書士開業マニュアル』を、平成6、16、20年には『建設業財務諸表の作り方』を、平成11、17年には『行政書士のための許認可手続ガイドブック』など、延べにして計8冊を上梓してきました。

　さらに、今年中には『行政書士経営・業務ハンドブック―事務所経営と許認可業務のノウハウ＆マニュアル』を発刊するべく鋭意執筆中です。

　それらの経験を礎にして、この度、開業以来40年の永きにわたり丹精込めて培い蓄積してきた行政書士実務を成功に導くための指針と、行政書士制度をより一層発展させるための抜本的な解決策を提示するために『行政書士実務成功の条件と報酬額―行政書士制度改革への展望―』を発刊することにしました。

　本書では、Ⅰで「実務に成功するための資質と条件」を、Ⅱで「行政書士報酬の算定と事務所経営」を、Ⅲで「依頼者が納得する適正で妥当な請求書の作り方」を、Ⅳで「戸籍謄法・住民票の写し等職務上請求の諸問題」を、Ⅴで「法律関連職としての地位確立のための行政書士制度改革への展望」を、Ⅵで「行政書士法改正私案と5資格士法との比較対照表」についてそれぞれ論及しております。特にその中でも、他の法律関連職制度との比較研究によって、行政書士制度改革への展望を示したのは、おそらく、本書が初めてだと思います。

　本論稿が、筆者のようなベテラン行政書士の後を引き継ぐ若い行政書士諸君に、優れた法律関連職として活躍されるための最良の実践手引書として広く愛読されれば、筆者のこの職業に対する熱い想いを共有する仲間が全国に数多く存在する証しにもなります。ご精読を期待する所以です。

　最後に、本書を執筆する機会を与えてくださった私の周りの法律関連職の皆さん、行政書士の皆さん、それに当事務所の職員に心から感謝を込めて御礼申し上げると共に、それらの方々に謹んで本書を捧げたいと思います。

　2012（平成24）年4月

行政書士　後　藤　紘　和

発刊にあたって

I ●実務に成功するための資質と条件…………………3
行政書士の経営環境…………………………………3
実務に失敗する資質と条件 VS. 実務に成功する資質と条件…………3
専門家の実態と社会的評価並びにその将来性………………5

> 行政書士事務所／弁護士事務所／公認会計士事務所／税理士事務所／特許事務所／司法書士事務所／社会保険労務士事務所

II ●行政書士報酬の算定と事務所経営…………………39

1 行政書士報酬の算定条件と算定例…………………39
> 行政書士報酬をめぐる行政書士と依頼者の報酬観／行政書士報酬算定のための8要素／行政書士報酬の算定例とその条件／コメント／建設業許可新規申請手続の報酬算定条件／結論

2 行政書士（専業）A事務所の過去5年間における経営状況の推移…………………46

3 行政書士と他の法律関連職事務所の経営指標…………………47
(1) 行政書士A事務所の経営指標…………………47
(2) 法律関連職（行政書士、税理士、公証人役場・司法書士、社会保険労務士）事務所の経営指標…………………48

4 タイムチャージ方式による行政書士報酬の算定基準…………49

5 行政書士A事務所の直前1年分の決算書…………………55

III ●依頼者が納得する適正で妥当な請求書の作り方…………61
――その業務の根拠法令と罰則――

建設業許可新規申請手続／建設業許可更新申請手続／建設業事業年度終了報告手続／建設業経営事項審査申請手続／風俗営業許可申請手続（第2号営業）／同（第7号営業）／同（第8号営業）／風俗営業構造設備変更承認申請手続（第7号営業）／深夜における酒類提供飲食店営業営業開始届出手続

Ⅳ●戸籍謄本・住民票の写し等職務上請求の諸問題 …………79

戸籍謄本・住民票の写し等職務上請求の諸問題（その1）…………80
1　戸籍法 …………………………………………………………80
2　住民基本台帳法 ………………………………………………82
3　住民基本台帳法施行令 ………………………………………85

戸籍謄本・住民票の写し等職務上請求の諸問題（その2）…………87
──戸籍謄抄本、住民票及び戸籍の附票等の交付申請の基礎知識──
1　戸籍法第10条の2第3項に定める各資格者の戸籍謄本等の交付の請求に関連する先例 …………………………………87
2　住民基本台帳事務処理要領について（抜粋）………………90
3　住民基本台帳法令関係実例（抜粋）…………………………92
4　特定事務受任者若しくはその補助者が本人であることを明らかにする方法 …………………………………………………95
5　戸籍謄抄本、住民票及び戸籍の附票等の交付申請執務に必要な法令及び先例一覧 …………………………………………100

Ⅴ●法律関連職としての地位確立のための行政書士制度改革への展望 …………………………………………………………101
1　行政書士の資格とその他の法律関連職の資格上の諸問題 …………101
2　資格士法の受験資格上の諸問題 ……………………………108
3　行政書士法改正私案とその改正理由 ………………………110

Ⅵ●行政書士法改正私案と5資格士法との比較対照表 …………117
行政書士法改正私案・行政書士法(抄)・社会保険労務士法(抄)・税理士法(抄)・司法書士法(抄)・土地家屋調査士法(抄)を比較検討する

我が志しを
若き友人たちに捧げる

天は自ら助くる者を助く

人に頼らず独立独行で努力する者を、

天は助けて幸福を与える。

Heaven helps those who help themselves

求めよ、さらば与えられん。

尋ねよ、さらば見いださん。

たたけよ、さらば開かれん。

新約聖書マタイ伝の中のことば。

Ask, and it shall be given you.

Ⅰ 実務に成功するための資質と条件

行政書士の経営環境

　司法書士等の他の法律関連職に比べて、行政書士の仕事ほど、その時々の景気動向に左右される職業は、他に見当たりません。

　その理由は、広範多岐にわたる行政書士の許認可手続業務の中でも、数多くの行政書士が、継続的にその仕事の対象にしているのは、建設業の毎年の事業年度終了報告手続と5年毎の許可更新申請手続並びに毎年の経営事項審査申請手続、5年毎の宅地建物取引業者免許更新申請手続、5～7年毎の産業廃棄物処理業許可更新申請手続等であり、数少ない行政書士が、断続的に取り扱っているのは、自動車運送業の許可申請手続、風俗営業の許可申請手続等であるからです。

　これらの業界はいずれも、「昨今の我が国の不況の波はおしなべて全ての産業・企業に押し寄せており、特に中小・零細企業の経営環境は先行きの見えない、破綻と背中合わせの低迷状態が長く続くことが予想され、中小・零細企業は明日の資金繰りも見えないほど、予断を許さない状況」[※]にあり、とりわけ「建設・不動産不況」や「売上不振」により環境の激変が進んだ業績悪化業種とされている建設業、不動産業、産業廃棄物処理業、自動車運送業、接待飲食業、遊技場業、さらには、アミューズメント業等の許認可申請手続等を主要な業務としている行政書士にとっては、その業務の激減により収入の道が途絶え、事務所を維持していくことさえ困難な状況に追い込まれています。

　このような経営環境の中にあって、行政書士はこれからどのような自己研鑽に励み、そして事務所を維持して行くべきか、本稿を通して、筆者の視点で提起することにいたします。

※「最新業種別審査小事典（上巻）』2009年㈱銀行研修社はしがき

実務に失敗する資質と条件 VS. 実務に成功する資質と条件

　前述したような、厳しい経営環境の中で行政書士に求められるのは、相当な覚悟と信念と情熱によって気持ちを奮い立たせる精神力に加えて、本稿の

「実務に成功する資質と条件」を行政書士自身が身に付けることです。

　なお、論述するにあたり、**実務に成功する資質と条件**だけではなく、それと対比する形で**実務に失敗する資質と条件**についても言及することにしました。対比することにより、これらの資質と条件に対する読者の理解と確信がより一層深まると考えたからです。

　ここに掲げた、相手と話し合うときの「実務に成功する資質と条件」は、かなり高度で至難な交渉術であるように思われがちですが、実はそうではなく、行政書士であれば努力次第で誰でも身に付けることができるものばかりです。一人でも多くの読者にこの交渉術を活用していただければ幸いです。

　筆者も、開業以来39年もの永きにわたり、常にこれらの「実務に成功する資質と条件」を念頭に置きながら、少しでもそれらを身に付けるべく、今日までひたすら努力を重ねてきた結果、道半ばではあるものの、ようやく本書Ⅱの2「行政書士（専業）A事務所の過去5年間における経営状況の推移」に掲げる事務所規模にまで到達し、現在に至るも維持し続けているのです。

　　　"実務に失敗する資質と条件 VS. 実務に成功する資質と条件" 14ヵ条

①相手との約束を守らない　　　VS.　相手と約束したことは必ず守る
②相手の期待に応えない　　　　VS.　相手の期待に応えるよう努力する
③不誠実でいい加減な対応　　　VS.　誠意のある真摯な対応
④相手の意見を無視する横柄な態度　VS.　相手の意見を尊重する謙虚な態度
⑤自信のない曖昧な対応　　　　VS.　自信がみなぎる明確な対応
⑥相手に不快感を与える対応　　VS.　相手に好感を与える対応
⑦相手を不愉快にさせる態度　　VS.　相手を楽しく愉快にさせる態度
⑧問題を解決できずに結論を先伸ばしにする優柔不断な態度　VS.　問題を解決するために結論を先伸ばしにせず即断即決する態度
⑨仕事の着手時に報酬の支払時期と金額をうやむやなままにしておく　VS.　仕事の着手時に報酬の支払時期と金額をハッキリさせる
⑩問題の所在を的確に判断できない　VS.　問題の所在を的確に判断できる
⑪相手の出方次第で自分の意見や態度をあっさり変えてしまう　VS.　相手の出方次第で自分の意見や態度を安易に変えたりはしない
⑫専門知識を吸収するために必要　VS.　専門知識を吸収するために必要な

な僅かな時間と費用でも掛け惜しむ		時間と費用を惜しまない
⑬顧客に十分な法的サービスを提供するための努力を怠る	VS.	顧客に十分な法的サービスを提供するために全力を尽くす
⑭産業界をとりまく政治経済の動向に鈍感な人	VS.	産業界をとりまく政治経済の動向に敏感な人

行政書士と依頼者等との関係図

次図は、行政書士が事務所を運営して行く上で必要とする、依頼者等との関係を表したものです。

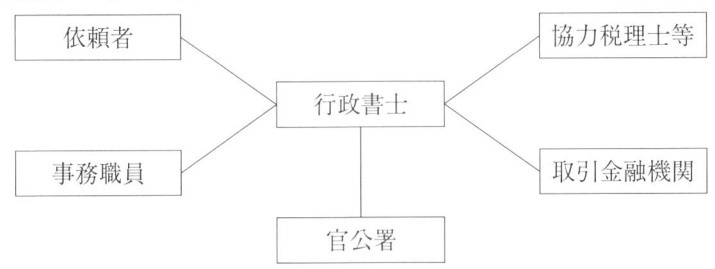

(注) 協力税理士等には、顧客（依頼者）や法的助言の面でお互いに協力し合う建築士、土地家屋調査士、司法書士、社会保険労務士及び弁護士等の専門家を含みます。

事務職員とは、行政書士事務所の事務職員です。

専門家の実態と社会的評価並びにその将来性

行政書士の実務に成功するための資質と条件は、自らの日頃の努力と研鑽によって、相当程度向上し、身に備わることは間違いありません。

しかしながら、これらの努力と研鑽が、行政書士の顧客である国民や企業並びに業界団体や専門機関等から見た場合に、果たして的を得た適切なものであるかどうかを、自分自身で判断するのはなかなか難しいものです。

そこでここでは、それを客観的に判断するための指針として、さらには、次のテーマについて筆者の見解を論述することにいたします。

本稿のテーマは、行政書士、弁護士、公認会計士、税理士、弁理士、司法書士及び社会保険労務士の7専門家について、それぞれの専門家の①実態、②社会的評価並びに③将来性を探ることによって、読者に今後の事務所の運営方針を定めるための指針を提供することにあります。

提供するにあたっては、第1にそれぞれの専門家の①実態、②社会的評価並びに③将来性の分析が的確であること、第2にこれら7専門家の現状の課題と将来の展望について、問題の本質を的確に捉えており、かつ普遍的で有益な提言をしていることを基準に選考しました。

その結果、中小企業動向調査会の編集による『業種別業界情報』2011年版及び㈱銀行研修社の編集による『店周680業種融資渉外ガイド5版』2003年版の2冊が最適であると判断し採用することにしました。なお、後者の文献については、その後『最新業種別審査小事典（上・下巻）』と改題して2009年に発行されておりますので、興味のある読者はそちらも参照することをお勧めします。

本稿のテーマに関する前文を締めくくるにあたり、本稿において行政書士、弁護士、公認会計士、税理士、弁理士、司法書士及び社会保険労務士の7専門家を取り上げた理由について説明しておきます。

その第1は、前掲「行政書士と依頼者等との関係図」における解説の中で、顧客（依頼者）や法的助言の面でお互いに協力し合う等行政書士と密接な関係にある専門家として挙げていること、その第2は、後掲「建設業者の会社設立に伴う官公庁諸手続と関与専門家対照図」において、これも行政書士と密接な関係にあり、かつ官公庁の諸手続に関与する専門家として挙げていることによるものです。＊

※次図は、建設業者が株式会社を設立して事業を営む場合に必要な、官公庁に対する諸手続を基にして、それぞれの手続ごとに当該手続に関わる所管官公庁及び行政書士等の関与専門家を表したものです。

建設業者の会社設立に伴う官公庁諸手続と関与専門家対照図

	所管官公庁	官公庁の諸手続	関与専門家
1	政令指定都市 市区町村役場	建築確認手続	建築士
2	法務局	建物表示登記手続	土地家屋調査士
3	法務局	建物所有権保存登記手続	司法書士
4	公証人役場	会社の定款認証手続	行政書士
5	法務局	会社設立の登記手続	司法書士
6	税務署 都道府県税事務所 市区町村役場	法人設立に伴う各種税務手続	税理士
7	社会保険事務所	社会・労働保険加入手続	社会保険労務士
8	労働基準監督署	就業規則等届出手続	社会保険労務士
9	都道府県庁 政令指定都市	営業許認可手続	行政書士
10	特許庁	実用新案・特許出願手続	弁理士
11	裁判所	企業活動上の紛争処理	弁護士

行政書士事務所

最近の業界動向

●遺言書の作成依頼が増える

　遺言書への関心が高まる中、行政書士や弁護士などの専門家に遺言書の作成を依頼するケースが増えている。遺言書への関心が高まる背景には、近年の相続を巡るトラブルの増加がある。家庭裁判所に持ち込まれる相続に関する相談件数は年間15万件を超え、10年間で倍増した。相談件数の急増を受けて、信託銀行などが遺言書の作成の助言や保管・執行を請け負う「遺言信託」の利用者は平成21年3月末時点で6万5,612件と、5年前に比べてほぼ5割増加した。遺言書は自分でも作成できるが、専門家に依頼することによっても有効な遺言書が作成できる。信託銀行や専門家に依頼すると、初期費用として数十万円の費用がかかる。しかし、遺言書の改ざんや紛失を防ぎたいと考える人は多く、依頼件数は引き続き増え続ける見通しだ。

[遺言書は年々増加している]

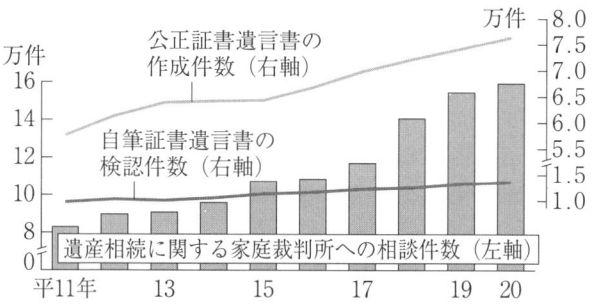

（注）　公正証書遺言は日本公証人連合会、自筆証書遺言と相談件数は最高裁調べ。検認とは裁判所が存在を認定すること。

●知的資産経営を導入する動きが近畿で拡大

　知的資産経営を導入する動きが近畿の中小企業の間で広がっている。知的資産経営とは、企業が持つ人材や組織力、技術、技能、ノウハウ、ブランド、経営理念など財務諸表には表しにくい知的資産を生かした経営を指す。知的資産を評価し、どのように活用するかを「知的資産経営報告書」にまとめる。報告書は取引先や金融機関に自社の強みを訴える手段として活用した

り、社員教育に使ったりするケースが多い。報告書の作成には行政書士や中小企業診断士などが第三者として加わることが多く、作成費は数十万～100万円ほどだ。神戸市にある５つの行政書士事務所は平成21年９月に知的資産経営の「会社力強化支援センター」を発足させた。文字になっていないものを、分かりやすく可視化するのは行政書士の得意分野として、今後もセミナーや金融機関向けの相談会を積極的に開催する計画だ。

マーケットデータ

● 行政書士の登録者数、法人数

　日本行政書士会連合会によると、平成22年10月１日現在の同連合会に加盟する行政書士の登録者数は４万1,577人、法人数は203法人である。都道府県別の個人登録者、法人登録者の数は次表の通り。

[行政書士登録者数、法人数]

（平成22年10月１日現在）

都道府県	個人	法人	都道府県	個人	法人
北海道	1,553	12	滋賀県	416	2
青森県	319	1	京都府	790	7
岩手県	306	0	大阪府	2,540	15
宮城県	791	6	兵庫県	1,659	7
秋田県	292	2	奈良県	352	1
山形県	386	0	和歌山県	356	0
福島県	724	6	鳥取県	212	0
茨城県	1,065	6	島根県	275	0
栃木県	771	0	岡山県	750	3
群馬県	1,080	2	広島県	1,048	2
埼玉県	2,051	12	山口県	470	1
千葉県	1,700	6	徳島県	376	0
東京都	4,899	52	香川県	384	2
神奈川県	2,222	13	愛媛県	559	3
山梨県	305	1	高知県	240	0
長野県	1,022	1	福岡県	1,179	4
新潟県	814	5	佐賀県	206	1
富山県	398	0	長崎県	352	1
石川県	332	2	熊本県	531	1
福井県	341	0	大分県	294	0
岐阜県	833	0	宮崎県	520	1
静岡県	1,516	7	鹿児島県	746	1

Ⅰ　実務に成功するための資質と条件

| 愛知県 | 2,574 | 13 | 沖縄県 | 319 | 2 |
| 三重県 | 709 | 2 | 全国 | 41,577 | 203 |

(出所) 日本行政書士会連合会

● 行政書士の受験者・合格者数の推移

㈶行政書士試験研究センターの資料によると、平成21年度の行政書士の受験者数は6万7,348人だった。平成21年度試験の合格者数は6,095人で、合格率は9.1％だった。

[行政書士の受験者数、合格者数、合格率の推移]

年度	受験者数(人)	合格者数(人)	合格率(％)
平16	78,683	4,196	5.3
17	74,782	1,961	2.6
18	70,713	3,385	4.8
19	65,157	5,631	8.6
20	63,907	4,133	6.5
21	67,348	6,095	9.1

(出所) ㈶行政書士試験研究センター

業界の特性

● 行政書士の業務

行政書士は行政書士法に基づく国家資格で、他人の依頼を受け報酬を得て、役所に提出する許認可等の申請書類の作成並びに提出手続代理、遺言書等の権利義務、事実証明および契約書の作成等を行う。行政書士の業務内容は多岐広範に及んでいる。

● 営業形態

単独事務所の数が圧倒的に多いが、最近では税理士、司法書士、弁理士などと合同事務所を設立する例が増えている。平成16年8月1日施行の「行政書士法の一部を改正する法律」で、行政書士事務所の法人化が認められ、法人数も徐々に増えている。

● 報酬

報酬については、各都道府県で報酬額が決められていたが、行政書士法の改正で規制は解除された。このため、現在は行政書士が自由に報酬を定めることができ、事務所の見やすい場所に掲示すれば良いことになっている。

● 行政書士になるには

　行政書士になるには行政書士法で次のように定められている。①行政書士試験に合格したもの。②弁護士、弁理士、公認会計士、税理士の資格を持つもの。③国または地方公共団体の公務員として行政業務を20年以上担当するもの（高校を卒業しているものは17年）となっている。

ノウハウ

● 東京都狛江市が無料の夜間相談を実施

　東京都狛江市が毎月、無料で開いている夜間の「相続相談」や「登記相談」が平成22年で10年を迎えた。相続相談は相続全般や遺産分割協議書、内容証明など暮らしに関わる書類作成などが主な内容だ。一方、登記相談は相続や贈与、登記手続き、裁判所に提出する書類作成に関するものが目立つ。夜間相談は事前予約制で、行政書士と司法書士がそれぞれローテーションを組んで相談に応じるが、市の負担はゼロだ。夜間相談は主婦や会社員など女性が目立つという。悩みがあっても日中は足を運べない人も多く、夜間の相談件数は増加傾向にある。

〈経営指標〉

　ここでは日本政策金融公庫総合研究所編『小企業の経営指標（2010年版）』中小企業リサーチセンター刊より、行政書士事務所の数値を掲げる。

小企業経営指標（2010年版）	行政書士事務所 調査対象数(14)
収益性	
1．人件費対売上高比率（％）	58.9
2．諸経費対売上高比率（％）	32.4
生産性	
3．従業員1人当たり売上高（千円）	6,214
4．従業員1人当たり人件費（千円）	3,492
安全性	
5．流動比率（％）	240.2
6．自己資本比率（％）	−17.7

（注）本調査の対象企業は、日本政策金融公庫国民生活事業が2009年4月から12月までの期間に融資を行った企業であり、調査対象企業の決算は、融資時点における最新の決算書（決算期間が1年で決算期が2008年7月以降のもの）に基づいて集計したものである。

収益性・生産性・安全性を表す経営指標及びその算出式

収益性を表す経営指標	算出式
人件費対売上高比率（％）	$\frac{人件費}{売上高} \times 100$
諸経費対売上高比率（％）	$\frac{諸経費}{売上高} \times 100$

生産性を表す経営指標	算出式
従業員1人当たり売上高（千円）	$\frac{売上高}{従業員数}$
従業員1人当たり人件費（千円）	$\frac{人件費}{従業員数}$

安全性を表す経営指標	算出式
流動比率（％）	$\frac{流動資産}{流動負債} \times 100$
自己資本比率（％）	$\frac{自己資本}{総資本} \times 100$

（注）1　売上高は、総売上高から売上値引き高及び戻り高を差し引いた純売上高に、その他の営業収益を加えた額（原則として消費税を含む。）
　　　2　人件費は、退職金、福利厚生費を含めた額
　　　3　諸経費は、人件費、減価償却費、外注加工費を含めない額
　　　4　従業員数は、パート・アルバイトを除いた額

今後の課題／将来性

● 将来性

　業務範囲が多岐にわたるのが行政書士の特徴であるが、そのため他の士業とバッティングする可能性のある業務も多い。また、資格保有者が増える中、価格競争が激化し、値崩れが起きている業務もある。廃業率も高く、安易な開業は避けた方が良いといえる。

《関連団体》
　日本行政書士会連合会
　東京都目黒区青葉台3－1－6
　TEL　03（3476）0031

〈「業種別業界情報2011年版」（経営情報出版社）142～143P より転載〉

弁護士事務所

最近の業界動向

●新司法試験の合格者が初めて減少

　平成13年に打ち出された司法制度改革の法曹人口拡大の先行きが危ぶまれている。平成21年の法科大学院修了者を対象とする新司法試験の合格者数は、前年より22人少ない2,043人であった。合格率も27.6%で初めて30%を下回った。制度改革では、国民が司法サービスを利用しやすくするため、平成22年までに合格者数を3,000人にする目標であった。しかし、最近は過当競争に陥るとの懸念から、地方の弁護士会を中心に法律家の需要が拡大していないと、見直しの声が挙がっている。法曹人口の拡大は、裁判員制度の導入とともに制度改革の目玉である。景気後退が続き、経済環境も大きく変化する中、司法制度の将来像をもう一度見直す時期が来ているといえよう。

●顧問弁護士以外にセカンドオピニオンを求めるケースが増える

　平成20年秋のリーマンショック以来の景気後退により、業績が伸び悩む企業では、経営判断の誤りを避けるため、自社の顧問弁護士以外の弁護士に意見（セカンドオピニオン）を求めるケースが増加している。日本経済新聞社が平成22年2月に行った法務のセカンドオピニオンについてのアンケート調査（時価総額の大きい35社対象、28社回答）によると、「顧問弁護士以外の弁護士に意見を聞いている」と回答した企業は23社に達している。セカンドオピニオンを求めるケースでは、「企業間の契約」、「労務に関すること」、「国際取引」などが多い。また、利用理由については、最も多いのが「株主や取引先企業からの訴訟リスクを勘案して」で11社の回答があった。そのほ

［顧問以外の弁護士（法律事務所）に意見を聞く場合、どのように選ぶか］

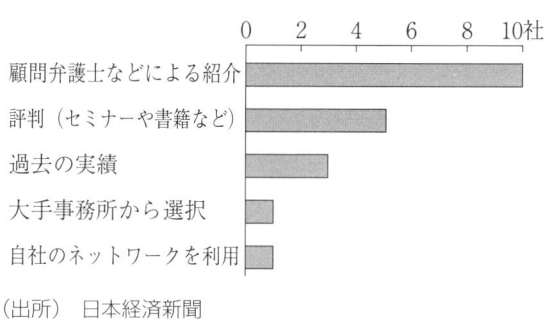

（出所）　日本経済新聞

か、「判断の偏りを避けるため」や「複数の意見を併用するのが合理的」が続いている。国際事業など企業の法的な課題は複雑化しており、セカンドオピニオンを求められる事案は増加しよう。

●外国法弁護士の活動の規制緩和

法務省は、日本で外国法に関する業務を取り扱う外国法事務弁護士が事務所を設置しやすくするなど、外国法弁護士の活動の規制緩和を進める。企業の国際化が進む中で、中小企業などでも外国企業との取引は増加している。このため、国内の支店開設を認めるなどする。早ければ、平成24年の施行を目指す。

マーケットデータ

●新司法試験の合格者数の推移

新司法試験の合格者数の推移は次図の通り。先進諸国では、弁護士数の少ないフランスでも人口1万人当たりの弁護士数は日本の4倍である。

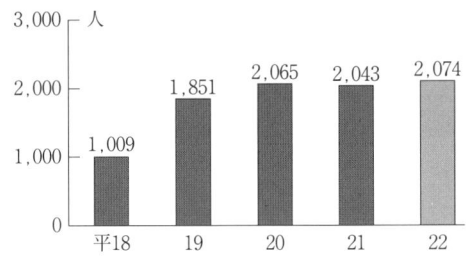

[新司法試験の合格者数推移]

●弁護士数の推移

日本弁護士連合会の資料によると弁護士数は次図のように推移している。

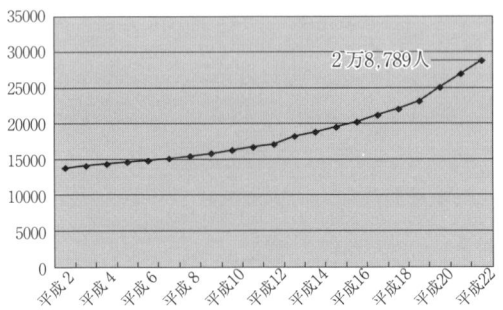

[弁護士数の推移]

（出所）　日本弁護士連合会ホームページより

業界の特性
●弁護士数
　日本弁護士連合会の資料「弁護士白書」によると平成22年3月31日現在の弁護士数は2万8,789人、弁護士法人の数は421法人であった。また、外国法事務弁護士は344人である。
●事業所数、従業者数
　「事業所・企業統計調査」によると、平成18年の法律事務所数は1万1,046、従業者数は4万4,677人となっている。
●弁護士となる資格の取得
　弁護士となる資格は司法修習生の修習を終えた者（弁護士法第4条）、同5条に規定された者である。すなわち、①最高裁判所の裁判官の職にあった者、②司法修習生となる資格を得た後5年以上簡易裁判所判事、検察官、裁判所裁判官、裁判所事務官等を経た者、③5年以上法律で定める大学の学部、専攻科、大学院の法律学教授または助教授を経た者である。
●弁護士法人
　弁護士は、平成14年4月から法律事務を行うことを目的とする弁護士法人を設立することができるようになった。弁護士法人は設立のときに、その法律事務所を設けた地域の弁護士会の会員となり、同時に日本弁護士連合会の会員となる。弁護士法人は、弁護士が法人組織によって法律事務を取り扱う道を開くことにより、高度に専門化した多様な法律サービスを安定的に供給することを可能にし、多様化する国民の法的需要に応えるなどその利便性の向上に資することを目的とするものである。
●外国法事務弁護士
　日本弁護士連合会の外国特別会員とは、昭和61年に成立した外国弁護士による法律事務の取扱いに関する特別措置法によって、法務大臣から日本で外国の法律に関する法律事務を行うことを承認され、日本弁護士連合会に備えた「外国法事務弁護士名簿」に登録している「外国法事務弁護士」のことである。「外国法事務弁護士」となるためには、外国で弁護士資格を取得し、一定年数の実務経験を有しているなど、特別措置法に明記されている諸条件を満たす必要がる。

ノウハウ
●西村あさひ法律事務所が中国に進出
　弁護士事務所で国内最大手の西村あさひ法律事務所は、平成22年春に中国

に事務所を設けた。実績のある中堅法律事務所と提携し、中国への投資や進出する企業をサポートする。なお、中国では外資系の事務所による中国法関連の相談は禁止されている。中国企業が日本に進出する場合は、日本法が適用されるため将来的には中国企業の合併や買収などの案件も手掛ける予定だ。

〈経営指標〉

ここでは日本政策金融公庫総合研究所編『小企業の経営指標（2010年版）』中小企業リサーチセンター刊より、法律事務所の数値を掲げる。

小企業経営指標（2010年版）	法律事務所
	調査対象数（6）
収益性	
1．人件費対売上高比率（％）	57.6
2．諸経費対売上高比率（％）	42.8
生産性	
3．従業員1人当たり売上高（千円）	15,992
4．従業員1人当たり人件費（千円）	8,278
安全性	
5．流動比率（％）	130.4
6．自己資本比率（％）	19.4

今後の課題／将来性

●課題―需要の拡大

司法制度改革を巡っては、見直しを迫る弁護士会に対して既得権益を守り、職域拡大の努力が足りないとの批判もある。企業の社員として働く企業内弁護士は400人余りに過ぎない（日本組織内弁護士協会による。）。企業の国際取引などは増えており、弁護士も待ちの姿勢ではなく、積極的な営業活動が求められる。

《関連団体》
日本弁護士連合会
東京都千代田区霞が関1－1－3
TEL　03（3580）9841

〈「業種別業界情報2011年版」（経営情報出版社）134～135Pより転載〉

公認会計士事務所

最近の業界動向

●会計士試験制度の議論が再燃

　新しい公認会計士試験が実施されて5年が経過したが、制度をめぐる議論が再燃している。新制度は経済社会の幅広い分野で活躍する人材育成を目的にしていた。しかし、合格者が増加した半面、受け入れ体制は従来のままで、浪人するケースが多い。試験に合格しても会計士になるには、補修所での研修と監査法人などでの2年間の実務経験が必要になる。一般企業に勤めながら研修や実務経験を積むことは困難で、監査法人に就職できない場合は、浪人することになる。監査法人も人件費負担の増加で、受け入れを増やすことは難しくなっている。平成27年にも国内上場企業の連結決算に国際会計基準の導入が予定されており、税務、経営、コンサルタントの専門家としての会計士の業務は多様化している。金融庁では、新資格制度の導入なども議論されているが、産業界への就職など需要拡大が必要になっている。

●上場会社は大手監査法人離れ

　上場企業が、財務諸表を監査する監査法人・公認会計士を変更したのは、平成21年（1月～8月）は229社にのぼった。変更理由として、コスト削減のために監査報酬を引き下げるとする企業があった。監査報酬は監査にかかった時間に比例するが、内部統制監査や四半期監査レビュー（簡易監査）の導入で、監査時間は拡大傾向にあり、報酬も増加している。このため、大手監査法人から中堅監査法人に変えるケースが増加している。新日本、トーマツ、あずさ監査法人が計125社の監査を退任したのに対し、新任は計52社だった。一方、清和など中堅監査法人は顧客企業を増やしている。このほか、会計処理などをめぐり監査法人と合意できなくて、決算期の途中で変更する場合もある。

●監査法人が私立大学の経営を支援

　全国の私立大学法人数は、平成16年度の495法人に比較して、平成20年度は36法人増えて531法人となり、学部数も増加している。しかし、大学・学部数増に対して学生数増が比例せず、赤字法人が平成16年度の123から20年度は235に急増している。このため、大学経営の支援ビジネスに参入する企業が増えている。大手監査法人のトーマツは、大学の内部統制の質を評価し、改善提言するサービスに乗り出している。企業向けのサービス内容を学

校法人向けに手直ししたもので、不正の防止体制強化などを目的にしている。

マーケットデータ

● 日本公認会計士協会の会員数

　平成22年2月現在の日本公認会計士協会の会員数は次の通り。公認会計士数は前年の1万9,738人に比べて2.2％増加している。監査法人数は195社に比べて1社減少している。試験制度の刷新の影響で、公認会計士数の増加が目立っていたが、平成22年は一転して増加が止まった。

日本公認会計士協会の会員数（平成22年2月末）

地域	公認会計士	外国公認会計士	監査法人	準会員	会計
北海道	239	0	5	78	322
東北	243	0	2	83	328
東京	13,553	4	125	6,661	20,341
東海	1,352	0	10	594	1,955
北陸	190	0	2	55	247
京滋	435	0	6	232	673
近畿	2,424	0	29	1,219	3,672
兵庫	461	0	2	176	639
中国	261	0	3	112	376
四国	153	0	3	36	192
北部九州	471	0	5	198	674
南部九州	146	0	3	21	52
沖縄	48	0	1	3	51
特定社員				116	115
合計	19,976	4	194	9,584	29,758

（注）　特定社員は地域会に所属しない
（出所）　日本公認会計士協会

● 監査法人を変更した上場企業は229社

　平成21年初めからから同年8月末までに財務諸表の監査を担当する監査法人や公認会計士の異動を開示した全国の上場企業は229社で、前年の196社に比較して33社増加した。新任・退任数の上位5社は次の通り。

監査法人別の退任・新任社数の上位5法人

新　任		退　任	
監査法人名	社数	監査法人名	社数
①新日本	20	①新日本	50
①トーマツ	20	②トーマツ	38
③あずさ	12	③あずさ	37
④元和	11	④ウイングパートナーズ	15
⑤清和	94	⑤あらた	4
		⑤隆盛	4

業界の特性

●事務所数と従業者数

　「事業所・企業統計調査」によると、平成18年の公認会計士事務所の事業所数は前回調査比13.4％増の3,182で、従業者数は同21.3％増の3万231人となっている。

●事務所ごとに異なる収入

　営業収入は、仕事の種類、契約先の会社の規模などにより、個々の事務所でかなり異なってくる。しかし、公認会計士事務所の収入は月極め顧問料、報酬などの定期収入であり、固定した顧客先を持っていると景気変動の影響などはなく、極めて安定している。収入は大別すると基本報酬と執務報酬とに分けられるが、基本報酬は財務書類の監査証明、財務書類の調整、財務に関する調査・立案などの報酬であり、対象企業の営業規模によって異なる。

●複雑化する業務内容

　企業活動がグローバル化しているのに加えて、合併や買収などが日常的に行われるようになり、公認会計士の業務も複雑化しており、企業経営者から決算関連事項に限らずアドバイスを求められることも多くなっている。

ノウハウ

●新日本監査法人が会計士を企業に出向

　わが国では、平成27年にも国際会計基準が上場企業に導入が予定されており、国際会計基準の習熟が急がれている。大手の新日本監査法人は、監査だけでなく企業経営に通じた会計士を育成する目的で、平成24年までに公認会計士約100人を企業に出向させる計画だ。出向対象者は、27～35歳で、実務経験5～7年の公認会計士。商社や食品メーカーなど上場企業の経理・人材

開発部門に勤務する。期間は3年だが、本人が望めば企業に残れる。企業にとっても、会計基準の変化に即応できるというメリットがあるほか、会計士にとっても産業界への進出が可能になる。

●女性の職場復帰支援

トーマツは育児や介護で職場を離れた女性の職場復帰を支援する「ツイン・プロジェクト」を開始した。自宅で最新の会計知識を学べるeラーニングや週3日勤務制など、女性の職場復帰に向けた環境整備を進めている。トーマツで働く専門職のうち21％が女性で、育児などのために離職することを減らすのが最大の目的となっている。

〈経営指標〉

ここでは日本政策金融公庫総合研究所編『小企業の経営指標（2010年版）』中小企業リサーチセンター刊より、公認会計士事務所の数値を掲げる。

小企業経営指標（2010年版）	公認会計士事務所 調査対象数(10)
収益性	
1．人件費対売上高比率（％）	62.7
2．諸経費対売上高比率（％）	30.0
生産性	
3．従業員1人当たり売上高（千円）	7,320
4．従業員1人当たり人件費（千円）	4,377
安全性	
5．流動比率（％）	275.6
6．自己資本比率（％）	-7.3

今後の課題／将来性

●課題―国際会計基準への対応

国際会計基準の導入が平成27年にも予定されているため、監査法人では対応を早める必要がある。国際会計基準は原則だけを定め、個別の会計処理や解釈は企業や会計士に委ねているのが特徴だ。このため、監査の質が問われるケースが多くなると予想され、会計士の能力向上も求められる。

《関連団体》
日本公認会計士協会
東京都千代田区九段南4－4－1
TEL　03（3515）1120

〈「業種別業界情報2011年版」（経営情報出版社）130〜131Pより転載〉

税理士事務所

最近の業界動向

●税理士数は前年比0.4％増

　景気の悪化で中小企業の顧問先が減るなど、税理士事務所の需要も頭打ちとなっている。一方、税理士数は、ここ数年わずかな増加にとどまっているが、税理士法人は急増している。日本税理士会連合会の資料によると、平成22年の税理士数は前年比0.4％増の7万1,898人、税理士法人は前年比11.4％増の2,049となっている。なお、税理士数は東京や近畿、名古屋など大都市周辺では増えているが、北海道や東北、中国、四国、南九州では減少している。一方、税理士法人はすべての地域で増えている。今後、この傾向は強まるとみられ、法人間の競争は激化していこう。

●政治資金監査制度の監査人に税理士の登録申込が多数

　政治資金監査制度とは、政治団体の1年間の全支出（人件費を除く。）について、領収書と会計帳簿を照合した上で、政治資金監査報告書を作成するもの。同報告書は収支報告書とともに一緒に公開される。国会議員の政治資金収支報告書が適切かどうかチェックするのが役割である。監査制度は、平成19年の改正政治資金規正法で導入されたもので、総務省の研修を受けて登録した税理士、公認会計士、弁護士が監査に当たる。この監査人に多数の税理士が登録している。総務省の資料によると、平成22年4月現在で登録人は3,534人、このうち、税理士が4分の3を占めている。報酬はケース・バイ・ケースだが、収支報告書と領収書を照らし合わせる仕事は半日程度で4～5万円。これ以外に報告書作成費用として15万円ほど受け取るという。監査対象は支出だけで、収入は管轄外。また、企業の会計監査と異なり、不正を発見することまで要求されていない。

●TKC全国会が中小企業の経営改善化計画支援システムを提供

　中小企業金融円滑化法に基づき金融機関への融資の返済条件を変更した中小企業は、1年以内に経営改善化計画を金融機関に提出しなければならない。このニーズに応えて、会計事務所向けソフト大手のTKC全国会は、平成22年10月から中小企業の経営改善化計画策定を支援する税理士向けのシステムを提供している。新システムは、TKC全国会が蓄積した22万社の決算データを基にした指標を使って、中小企業の財務構造などを分析して、経営の改善ポイントを抽出できる。また、最大10種類の改善策を登録して、その

組み合わせにより複数の経営改善ポイントのシミュレーションが可能だ。
●相続などで受け取る生命保険契約に基づく年金の取扱いが変更される
　夫が死亡し妻が受け取った生命保険金を巡り、分割で受け取る年金部分には相続税だけでなく所得税も課す取扱いだった。しかし、最高裁判所は相続税の対象となった分に所得税を課すのは二重課税に当たると判断した。このため、国税庁は過去に所得税を納めた人に還付する手続きを開始した。対象者は数十万人以上にのぼると推計され、実務に大きな影響を与えるとみられる。

マーケットデータ

●税理士登録者・税理士法人の届出数

　日本税理士会連合会の資料によると、平成22年9月末現在の税理士数は、表の通りである。

[税理士登録者・税理士法人の届出数]
（平成22年9月末現在）

会　名	登録者数	税理士法人届出数 主たる事務所	税理士法人届出数 従たる事務所
東　京	20,372	654	175
東京地方	4,604	119	59
千葉県	2,377	47	35
関東信越	7,133	214	103
近　畿	13,541	322	127
北海道	1,938	83	42
東　北	2,573	62	31
名古屋	4,191	154	61
東　海	4,190	108	61
北　陸	1,321	51	30
中　国	2,940	67	28
四　国	1,547	37	25
九州北部	2,901	76	39
南九州	1,923	44	15
沖　縄	347	11	7
合　計	71,898	2,049	838

（出所）　日本税理士会連合会

業界の特性

税理士数・税理士法人の推移
　日本税理士会連合会の資料によると、平成22年の税理士数は7万1,898人で、平成13年の6万5,649人に比べて9.5％増加している。また、税理士法人は2,049で前年比11.4％増えており、増加が続いている。

事業所数・従業者数
　総務省の「事業所・企業統計調査」によると、平成18年の税理士事務所の事業所数は2万9,480で、従業者数は13万640人となっている。

平成14年に認められた税理士法人
　平成14年4月から税理士法人が認められた。新制度の下では、合名会社方式で税理士の身分は「代表社員」か「社員」になり、代表社員が会社の代表になる。そして、会社が依頼を受けて社員である税理士が仕事を担当し、会社から給料をもらう。運営方法も収入と支出が会社に統一され、顧問先への請求や振込口座も会社名義となる。

主な業務
　税理士は、他人の依頼に応じて、所得税、法人税、相続税、贈与税、事業税、市町村民税、固定資産税などについて以下の業務を行う。なお、税理士業務を行うためには、日本税理士会連合会に登録しなければならない。①申告、申請、不服申立て等を代行する税務代理、②申告書、請求書、申請書等を作成する税務書類の作成、③上記①についてのコンサルタントである税務相談。①～③については、税理士法で業務独占が認められている。このほか、記帳代行、決算書の作成、税務調査への立会い、経営コンサルタント、会社顧問などが主業務である。

報酬については規制がなくなる
　税理士報酬については、平成14年に税理士法が改正され規制がなくなった。このため、税理士と依頼者の契約で報酬が決められている。なお、税理士の報酬は、税理士業務に関連する「税理士報酬」と、その前提となる「会計業務報酬」がある。

ノウハウ

千葉県税理士協同組合が中小企業のM&A仲介で千葉銀行と提携
　千葉県税理士協同組合は、平成22年10月に千葉銀行と中小企業のM&A仲介で提携した。同組合では、後継者不足や景気悪化のために中小企業からM&Aの相談が徐々に増えているという。同組合の税理士が企業から相談を

受けた場合、千葉銀行に紹介する。千葉銀行は紹介を受けた企業と契約を締結し、相手先企業の選定や売却価格など条件交渉の進め方、契約書の書き方などをアドバイスする。実際にM&Aに結びつけば、税理士には千葉銀行から一定の紹介手数料が支払われる。千葉銀行は年間5～10件のM&A仲介を手掛けており、県内に地盤があるため、証券会社や仲介専門業者に比較して紹介できる取引先が多い。

〈経営指標〉

ここでは日本政策金融公庫総合研究所編『小企業の経営指標（2010年版）』中小企業リサーチセンター刊より、税理士事務所の指標を掲げる。

小企業経営指標（2010年版）	税理士事務所
	調査対象数(150)
収益性	
1．人件費対売上高比率（％）	63.3
2．諸経費対売上高比率（％）	29.2
生産性	
3．従業員1人当たり売上高（千円）	8,883
4．従業員1人当たり人件費（千円）	5,643
安全性	
5．流動比率（％）	357.5
6．自己資本比率（％）	15.6

今後の課題／将来性

●課題―グローバル化への対応

　成長が著しいアジア市場への進出は、大企業だけでなく中小企業でも一般的になった。このため、国際間の取引から生じる税務上の問題を扱う国際税務についても需要が高まっている。経営者からの相談に乗れる体制をつくることが必要だ。

《関連団体》
　日本税理士会連合会
　東京都品川区大崎1－11－8
　TEL　03（5435）0931

〈「業種別業界情報2011年版」（経営情報出版社）132～133Pより転載〉

特許事務所

シグナル
　弁理士は、弁理士法に基づく国家資格を有し、特許、実用新案、意匠登録、商標など特許庁に出願する際の代理業務、鑑定および異議申立、審判請求、審決取消訴訟などの特許庁または裁判所への手続きが業務。企業の研究開発の活発化に伴い特許出願は年々増加する傾向にあり、サービスマーク登録制度も開始されたことから、弁理士に対する潜在需要は大きい。弁理士業務は、弁理士個人の知的生産によるものであり、能力、経験などに負う部分が大である。

　平成14年の法改正により、一定の条件に合致すれば特定侵害訴訟に関してその訴訟代理人となることができる。

業界動向
● 工業所有権出願件数については、景気の動向、法律の改正等によって影響を受けやすく、実用新案は大幅に減少したが、特許、意匠、商標は再び増加する傾向にある。複雑化する法制度に弁理士への社会的な需要はますます高まっている。

業態研究
●地域分布

　弁理士は東京に一極集中している。企業の本社（特に研究開発、法務部門など）、特許庁を中心とした官庁の立地などによる取引先、情報収集の厚みで、大都市圏に集中している。

　地方立地している弁理士では、特定企業との安定取引や、広域取引の強みがある。

●営業形態

　登録弁理士中、3分の2近くが特許事務所を開業している。全事務所中単独事務所が約半数で、2人の共同事務所が1割強である。共同事務所の場合、経営は独立している場合もある。

　また、弁理士には弁護士資格を有する場合もあり、法律特許事務所となっているケースも多い。

●出願、登録と資金の流れ

　特許、実用新案などの出願、登録、メンテナンスなどにおいて、弁理士会

では、報酬、費用請求などのガイドラインを作成している。

特許出願のひとつのモデルケースは下図の通りである。受任した際、着手金、印紙代、要約書作成、オンライン費用などを請求する。

ただ、契約時点と請求、入金時点は、当初時点では業務範囲と料金が確定できないこともあり、タイムラグが出るため、売掛金勘定となる場合も多い（以後、各段階ごとにも生じる）。審査請求提出後（手数料、印紙代請求）、審査される。審査後、拒絶理由、補正指令が出される場合もあり、その際は、一種の中間手続きとして弁理士は、意見書、補正書を提出し、意見書、補正書作成、手続き費用を請求することになる。

再度審判を受け、登録査定した場合、成功報酬金を請求する。登録査定を受け、登録となるとき、登録料、納付手数料を請求する。以後、登録後も期間により一種のメンテナンス料として、納付関係手数料が請求される。

[流通・資金経路図]

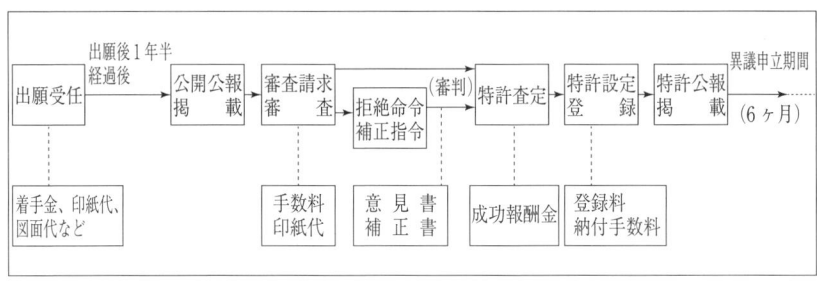

〈経営指標〉

ここでは日本政策金融公庫総合研究所編『小企業の経営指標（2010年版）』中小企業リサーチセンター刊より、特許事務所の指標を掲げる。

小企業経営指標（2010年版）	特許事務所
	調査対象数（8）
収益性	
1．人件費対売上高比率（％）	52.8
2．諸経費対売上高比率（％）	26.4
生産性	
3．従業員1人当たり売上高（千円）	10,614
4．従業員1人当たり人件費（千円）	5,488
安全性	
5．流動比率（％）	233.4
6．自己資本比率（％）	19.7

●取引深耕のためのチェックポイント
① 知的生産に依存する職種なため、人の異動に従って資金需要が発生するケースがある。従業員の新規雇用、独立などである。
② 官庁、企業などの顧問弁護士となっているか。
③ 弁理士会での活動状況、同業者の評価はどうか。
④ 専門分野は何か。

融資判断のポイント

●運転資金
① 収入的には、現金、振込が中心、費用面も情報収集などに要する費用が若干かかるのみで、各種経費も別個請求する形となるため、通常の事業運営上の資金繰りを考えると、運転資金需要は生じにくい。
② 短期資金需要が起こるとすれば、賞与資金などに関する一時的なケースが考えられる。しかし、特許事務所の場合、若干の売掛債権は所有しているが、単価の高い契約が入っているという状況がない限り、資金繰りに季節変動など特殊要因が入り込む余地が少なく、収入の急増も考えにくいことから、多額の運転資金借入の申込みがある場合は、事業外資金の可能性があるので、資金使途に注意する必要がある。
③ ただ、資産運用のため、流動資産が若干固定化している場合、一定額を経常的に借り入れているケースがあり、新規借入が発生した場合、資金の回転状況に留意する必要がある。
④ そのほか、弁理士特有の資金需要として、特許庁に予納する印紙費用などで、一時的な資金需要が発生するケースがある。

●設備資金
① 設備資金の借入需要は、主として、ビルのテナントの保証金や、用地購入費など事務所関連である。
② しかし、新規開業においては、弁理士の場合、のれん分けのようなケースが多いとはいえ、クライアントが安定していないことも考えられるため、売上見通しを過大見積もりしていないかどうか、注意する必要はある。ただ、規模別な違い、優良なクライアントを抱えているかどうかなど、事務所ごとの差も大きく、ケースバイケースで判断していく必要がある。
③ そのほかの設備資金需要としては、文献購入費、文具費、コンピュータ購入、リース費用などがある。事務機器類では、借入需要が発生するケー

スもあるが、手元資金で充当するケースが多く、結び付きにくい。
④　弁理士は、社会的地位が高く、国家資格として弁理士固有の専門業務を定められていることから、リスクは少なく、業績も安定しているケースが多い。また、その業務上の特長から、収入面も安定しており、一方、事務所移転、拡張などの特殊なケースを除くと、大きな資金需要は発生しにくく、与信取引には結び付きにくい。
⑤　しかし、弁理士といえども、一種のサービス業であることから、審査ポイントとして、個人的な人格、能力、取引先の動向、個人資産などを客観的に評価しておくべきであろう。また、経常的な預金取引（余資運用）で、残高の増減などに注意しておくと、一時的な借入需要発生にもリスク、担保評価などの対応がしやすい。

《業界団体》
日本弁理士会
東京都千代田区霞ケ関3－4－2
電話　03－3581－1211
http://www.jpaa.or.jp/

〈「店周680業種融資渉外ガイド5版」2003年版（銀行研修社）1148〜1149Pより転載〉

司法書士事務所

シグナル

　司法書士の前身は、明治5年「司法職務定制及び訴答文例」による。法律的にはその後幾多の変遷を経て、戦後昭和25年に現在の基礎となる「司法書士法」が制定され、同53年に大改正されて今日に至っている。開業するには、司法書士試験（国家試験）に合格した後、司法書士会を通じて登録の申請を行う。平成14年の法改正で司法書士は、司法書士法人を設立することができることとなった。司法書士の収入は、人間関係、自身の信用力、それに事務所の立地条件などに左右され、格差が激しい。司法書士の仕事の中心は、不動産登記と商業登記の手続きである。

業界動向

● 司法書士の仕事の範囲は比較的広いが、問題となるのは弁護士との関係である。弁護士法で定められている分野、つまり訴訟事件にはタッチできなかったが、法改正により簡裁訴訟代理認定司法書士は簡裁訴訟代理関係業務ができることになった。厳格な意味での法律判断に限界はあるものの、法律相談は司法書士の社会的使命のひとつといえよう。

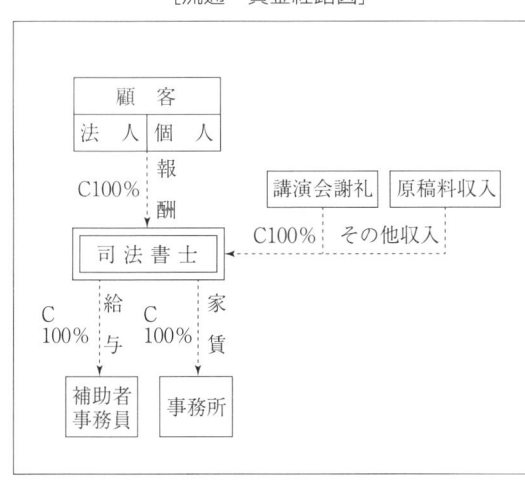

[流通・資金経路図]

```
            ┌─────────┐
            │   顧  客   │
            │ 法人 │ 個人 │
            └─────────┘
                  │報
         C100%    │酬
                  ▼
            ┌─────────┐   ┌──────┐┌──────┐
            │ 司 法 書 士 │◀──│講演会謝礼││原稿料収入│
            └─────────┘   └──────┘└──────┘
              │給    │家    C100%  その他収入
        C100% │与 C100%│賃
              ▼      ▼
         ┌──────┐ ┌──────┐
         │ 補助者 │ │ 事務所 │
         │ 事務員 │ │        │
         └──────┘ └──────┘
```

業態研究

●立地

利便性でいけば何よりも登記所の近くが望ましい。商店とは異なるので、一見のフリーの顧客など考慮する必要はあまりない。顧客との接点という意味では、むしろ金融機関、不動産業者の多くある場所が好立地といえよう。

●地域性

需給関係は大都会と地方とで差異があるが、司法書士の数などからみるとバランスがとれており、地方でも案件は都市部同様に発生するので、都会の司法書士のほうが有利とは一概にいえない。

●客層

固定客または固定客の紹介によるものが大半であり、フリーの顧客は意外と少ない。

●業務内容

不動産登記が多く、次いで商業登記、そのほか裁判所などに提出する書類の作成、相談などがある。前述した通り業務範囲は比較的広く、また、司法書士試験の難易度が年々高くなっているといわれていることからも、職業としての将来性は有望である。

●取扱件数

年々人口が郊外へ移動しているので、都心よりも郊外での取扱件数が増加している。

●使用従業員

補助者を置くときは、必ず法務局、または地方法務局の承認が必要である。また、1事務所の補助者は最高5人までと決められている。

営業推進のポイント

〈経営指標〉

司法書士事務所のみを対象にした指標は見当たらないので、ここでは日本政策金融公庫総合研究所編『小企業の経営指標（2010年版）』中小企業リサーチセンター刊より、公証人役場・司法書士事務所の数値を掲げる。

小企業経営指標（2010年版）	公証人役場・司法書士事務所
	調査対象数(12)
収　益　性	
1. 人件費対売上高比率（％）	59.1
2. 諸経費対売上高比率（％）	39.0

生　産　性	
3．従業員1人当たり売上高（千円）	9,310
4．従業員1人当たり人件費（千円）	5,413
安　全　性	
5．流　　動　　比　　率（％）	362.8
6．自　己　資　本　比　率（％）	−8.1

● 採算の見方

　経費は総収入の30〜40％程度とみられるが、主だったものは人件費と家賃である。人件費が経費の中で占める割合は、70〜80％に達するともいわれている。また大都市のように家賃が高いところで事務所を借りるとなると、事務員1人当り1ヵ月平均取扱件数が、最低100件は必要といわれている。一般的な事務所として机、書棚、応接セット、電話・FAX・パソコン、コピー、法令集、各種申請用紙などは最小限必要であり、これらの物件費、光熱費、通信費などの経費も馬鹿にならない。

● 取引深耕のためのチェックポイント

① 　司法書士業は、立地による格差が非常に大きい。また、はやっているものとそうでないものとの格差が大きいのも事実である。これらの見極めが重要となる。

② 　次に、実務経験があるかないか、開業の場所、それに人間関係によって仕事の量が影響される。

③ 　報酬額の総報酬額に占める割合は、不動産登記と商業法人登記で約9割を占め圧倒的である。1件当りの報酬は不動産・商業法人登記が平均で2万2,000円〜3万1,000円、登記簿閲覧など文案を要しない書類作成などは、1件当り約2,300円程度であり、同じ取扱件数でもその割合いかんで、収入額は大きく変わってくるので、チェックが必要である。

融資判断のポイント

● 運転資金

① 　毎月の収入にばらつきはあるが、当然ながら収入は100％現金で、日銭の入ることにより、運転資金面での不安は少ない。

② 　現金は、ほとんど依頼時に徴収するので貸倒の懸念はないが、不動産登記などの申請では、依頼人のために登録免許税を立て替えることもある。金融機関、不動産業者など有力な固定客からの依頼のケースである。この場合、取扱件数が増加すると、運転資金を圧迫することもあるので、注意が必要。

③　そのほか、新規開業後有力者のコネを利用したり、知人の紹介により固定客を有するようになるまでが大変である。仕事が順調に入ってこなければ、その期間の費用など、結構運転資金もかかる。

●設備資金
① 　設備資金は開業時の事務所の設置資金、および増改築資金が主であるが、近年事務所近代化のためのOA投資資金がめだってきている。この点は会計事務所同様、時代の変化に対応するもので前向きな投資といえるが、借入の申出に際しては、取扱件数、収益状況、事務所の規模などを総合的に勘案し、計画の妥当性、償還能力の検討が必要である。
② 　開業時の設備は、最小限必要な机、書棚、応接セット類などは自己資金で賄うことが望ましい。事務所を借りるだけで、数百万円かかることもあり、什器・備品程度は自己資金で賄われるべきである。
③ 　事務所開設のため、高額な資金を用意せず自宅を事務所にする方法もある。その場合、家賃、敷金、権利金は払わなくて済むが、立地条件に左右される業種だけに、どの程度の依頼があるか不安であろう。重要なことは各人の資金に応じ、事務所の規模、場所などを考慮して開業場所を決定すべきであり、借入に際しても同様のチェックが必要である。

●その他のチェックポイント
① 　年間の取扱件数は何件くらいあるのか、または見込めるのか。
② 　従業員数は何人か。従業員が多ければ扱い件数も、また収入も多くなければならない。
③ 　新規開業時においては経営は苦しく、多くの経験も必要となるので、固定得意先の有無、補助者としての経験の有無などをチェックする必要がある。

〈制度融資ガイド〉
　特に公的融資制度はないが、各金融機関が独自に地区の司法書士会と提携し、「司法書士ローン」または「司法書士会ローン」を取り扱っている。

《業界団体》
日本司法書士会連合会
東京都新宿区本塩町9－3
電話　03－3359－4171
http://www.shiho-shoshi.or.jp

〈「店周680業種融資渉外ガイド5版」2003年版（銀行研修社）1150～1151Pより転載〉

社会保険労務士事務所

シグナル

　昭和43年12月2日から施行された社会保険労務士法によって、社会保険労務士は国家資格となり、社会保険、労働保険の手続き事務や帳簿書類の作成業務などについて、報酬を得て業務を行えるのは社会保険労務士だけとなった。

　高齢化問題、年金問題が急速にクローズアップされるとともに、社会保険労務士資格の社会的評価の高まりとともに試験合格も難しくなり、過去数年の合格率は7～9％である。平成14年の法改正で社会保険労務士は、社会保険労務士法人を設立できることになった。この法人では給与計算の業務ができる。

業界動向

　平成14年12月31日現在の社会保険労務士は全国で合計26,830人となっている（全国社会保険労務士会連合会）。

　ただし、資格に合格しても社会保険労務士会への未登録者も多く（社会保険労務士資格を有する者が、社会保険労務士と称するためには、「全国社会保険労務士連絡会に備える社会保険労務士名簿に、氏名・生年月日・住所その他主務省令で定める事項の登録を受けなければならない」となっている。登録には5万円かかり、登録と同時に、各都道府県における社会保険労務士

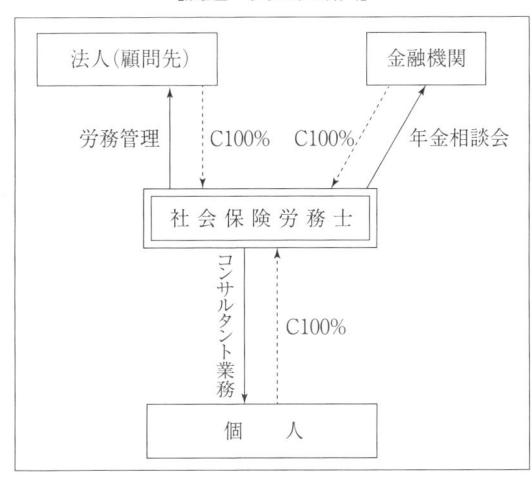

[流通・資金経路図]

```
        法人(顧問先)              金融機関
              │                      ↑
    労務管理  │ C100%    C100%      │ 年金相談会
              ↓                      │
              社 会 保 険 労 務 士
              ↑
    コンサルタント業務
              │
              │ C100%
              ↓
              個　　　　人
```

Ⅰ　実務に成功するための資質と条件　33

会に自動的に入会となる。入会金は、東京都社会保険労務士会で3万円、非開業2万円となっている。その他、月額会費が開業者8,000円、非開業者3,500円がかかる。）、平成13年3月末で24,594人となっている。近年、社会保険労務士に対する依頼企業のニーズも変わってきており、社会保険に関する業務から労務問題に関するコンサルティング業務へと中心業務が移行しつつあり、人事労務コンサルタントとしての専門知識が求められている。

業態研究

●開業の手順

独立開業の場合、他の自由業である弁護士、税理士、経営コンサルタントのように先輩の事務所で経験を積む必要がなく、資格取得、労務士会入会で即開業できる。開業社会保険労務士の仕事は、当初、社会保険、労働保険の書類作成、提出手続き代行がほとんどで、事務そのものは大して難しいものではない。厚生労働省の出先機関で十分、仕事について相談に応じてくれるためである。

独立開業後1～2年は苦しいが、3年目頃には経営が安定する者が多い。他の士業と違い、設備投資も必要がなく、顧問先が10件以上あれば何とか採算がとれる。

●主な事務内容

社会保険労務士の業務は次の3つに分けられる。

① 書類作成業務…労働社会保険諸法令に基づく申請書や届出書及び報告書、その他の書類・帳簿書類の作成。具体的には労働者名簿、資金台帳、就業規則、賃金退職金規定などである。

② 事務手続き代行・代理業務…事業主や労働者に代わって、行政機関への申請書等の提出手続きの代行。具体的には、労働基準法、労働者災害補償保険法、雇用保険法、健康保険法、厚生年金保険法、国民年金法などの届出。休業補償や出産・傷病手当金などの請求、労働保険、社会保険の加入・脱退、その他給付金・助成金の請求事務などである。最近、厚生労働省の給付金・助成金が多岐にわたり、その手数料が社会保険労務士の新たな収入源となっている。

③ 相談業務（コンサルタント業務）…個人を相手とする年金相談、請求手続きの相談が増えている。金融機関への出張相談もある。労務管理については、採用、解雇、定年退職までの雇用管理、労働時間短縮などの労働時間管理、人事考課や職能資格制度などの労働条件管理、教育訓練等の能力

開発、安全衛生、福利厚生等と幅広い。
●経営形態
　社会保険労務士事務所の経営形態は、一身専属の資格であるため個人経営がほとんどである。経営規模は、大規模の事務所では有資格者数名を有しているところもあるが、ほとんどは従業員数名である。
●報酬
　都道府県の社会保険労務士会で報酬基準を定めているが、あくまで目安であり、報酬は依頼者との協議が原則となっており、基準どおりの報酬を得ている者は極めて少ない。
●資金の流れ
　依頼先はほとんどが顧問先であり、顧問料と作業報酬を翌月末日までに振込入金をしてもらう。請求、翌月入金でその期間は40～60日。

営業推進のポイント

〈経営指標〉
　ここでは日本政策金融公庫総合研究所編『小企業の経営指標（2010年版）』中小企業リサーチセンター刊より、社会保険労務士事務所の数値を掲げる。

小企業経営指標（2010年版）	社会保険労務士事務所 調査対象数(18)
収益性	
1．人件費対売上高比率（％）	57.4
2．諸経費対売上高比率（％）	34.4
生産性	
3．従業員1人当たり売上高（千円）	7,673
4．従業員1人当たり人件費（千円）	4,071
安全性	
5．流動比率（％）	422.9
6．自己資本比率（％）	15.0

●売上の見方
① 社会保険労務士業の売上高（総報酬）を客観的に知る手掛りはない。顧問先企業の数が30社と10社を比較しても、30社の方が総報酬が高いとはいえない。仕事の量と質によって決まってくるからである。あえて知る材料として使えるのは、使用従業員数であろう。
　開業者は先ず自宅で開業し、自分の生活費を確保できてから、自動車、

事務所を手に入れて収入が安定的に確保できて初めて従業員を雇い入れる。事業主（資格者）を含めた従業員1人当たり売上高が1,200万円（年）あれば優良事業所といえよう。
② 定期的な収入源は、月極の顧問報酬、年度末、年度頭初には退社、入社に関わる社会保険、労働保険の廃止届、新規適用の個別手続き報酬。保険料の算定、月変申告も4月と8月にあり、報酬が見込める。そのほか、就業規則等の作成・変更や、労働安全衛生法の書類作成・手続き代行等の収入もある。顧問先の従業員数によって変わるが、30社程度の取引先は欲しいところである。

●取引深耕のためのチェックポイント
① 関与先はどのくらい持っているか。その数の増減はどうか。経営規模、経営成果はどうなっているか。
② 受注は個別契約と顧問契約がある。個別契約が多過ぎると、収入が変動し、顧問契約が多過ぎると、収入は安定するが伸びが見込めない。その割合はどうか。
③ 本業か副業か、独立開業時は損保代理店などとの兼業や、年金収入、配偶者所得などに支えられているケースも多い。営業力を持って本気で業に取り組んでいないと顧問先は増えない。
④ 資格取得後、どのくらい自己投資を続けているか。年金指導員の委嘱を受けているか、コンサルティング能力があるかなども大きなポイントとなる。
⑤ 著述、講演などの数はどうか、サイドワークと捉えるより営業、宣伝活動としてみることも大切。

融資判断のポイント

●運転資金
　日常の資金繰りは、ほとんどの事務所で収入の大部分が顧問先からの月極の顧問報酬で維持されて安定しており、事務所従業員の賞与資金以外の運転資金需要はない。事務機器の新増設の時に発生することもあるが、ほとんどリース利用に流れる。

●設備資金
　開業資金…多くの開業者は自宅を事務所として開業する。事務機器と電話FAX、中古自動車1台があれば業務に支障はない。200万円も必要としない。

事務所を借りて開業する場合や、自宅事務所から移設する場合がある。この場合、不動産賃借費用が発生する。

> 《業界団体》
> 全国社会保険労務士会連合会
> 東京都文京区小石川2－22－2和順ビル9F
> 電話　03－3813－4864
> http://www.shakaihokenroumushi.jp/

〈「店周680業種融資渉外ガイド5版」2003年版（銀行研修社）1152～1153P より転載〉

II 行政書士報酬の算定と事務所経営

1 ●行政書士報酬の算定条件と算定例

ア 行政書士報酬をめぐる行政書士と依頼者の報酬観

行政書士の報酬額を算定するに当たって最も基本的な課題は、
- 依頼者としてはできる限り低めの料金設定を望むであろうし、
- 受任者としてはできる限り高めの料金設定を望むであろう

という両者のせめぎ合いであることを認識し、お互いが歩み寄ることのできる適正で妥当な報酬額を導き出すことである。

イ 行政書士報酬算定のための 8 要素

行政書士報酬の算定に当たっては、行政書士サイドの主観的要素と依頼者サイドの客観的要素の下記(1)、(2)で示す 8 要素を勘案することが必要である。

(1) **行政書士サイドの主観的要素**
   ア 受託した業務の知識、経験、技能、判断能力、処理能力のレベル
   イ 仕事に費やした時間と労力
   ウ 依頼者とのつながりの度合い（例えば、1 回限りの顧客か、それとも複数回の顧客かで判断する方法である。）

(2) **依頼者サイドの客観的要素**
   ア 依頼者の事業規模、資産、年間売上高等の経済力
   イ 依頼者の許認可免許取得による経済的利益とその必要度
   ウ 世間相場（例えば、他の行政書士や司法書士等の法律関連職の報酬額とのつり合い。その地域における生活費等と比較して妥当な金額をさぐる必要がある。）
   エ 受託した許認可免許等の更新制度（有効期間）の有無
   オ 証紙代等の許認可免許等の手数料との兼ね合い

ウ　行政書士報酬の算定例とその条件
①パチンコ店等の風俗営業許可申請手続
条　件：遊技機台数200～500台　　営業所面積：330～990㎡
　　　　1階　ホール、2階　事務室・倉庫・従業員控室等
　　　　個人・法人問わず、法人の場合は役員4名以内

報　酬：2,000～3,000円／台
　☆商業地域内（駐車場なし）　50～70万円
　☆商業地域外（駐車場あり）　70～100万円

　注1　市外店の場合は、別途日当等を加算する場合があります。
　注2　平面図・照明設備配置図・音響設備図等は、建築士や建築業者等が作成したものをベースにします。それがない場合には、作図に要した時間に相当する別途日当等を加算する場合があります。

②パチンコ店等の遊技機変更承認申請手続
条　件：入替え遊技機台数5機種以下50台以内
報　酬：20,000～35,000円
　注1　申請書類の作成のみで、提出手続は含みません。

③マージャン店等の風俗営業許可申請手続
条　件：マージャン卓10卓以内　　営業所面積：100㎡以内
　　　　個人・法人問わず、役員4名以内、商業地域内、県内店
報　酬：15,000～20,000円／卓＝15～20万円
　注1・注2共に①に同じ

④ゲームセンター等の風俗営業許可申請手続
条　件：ゲーム機50台以内　　営業所面積：200㎡以内
　　　　個人・法人問わず、役員4名以内、商業地域内、県内店
報　酬：4,000～6,000円／台＝20～30万円
　注1・注2共に①に同じ

⑤キャバクラ・ショーパブ等の社交飲食店の風俗営業許可申請手続
条　件：営業所面積：200㎡以内
　　　　個人・法人問わず、役員4名以内、商業地域内、県内店
報　酬：8,000～15,000円／3.3㎡＝16～36万円
　注1・注2共に①に同じ

⑥建設業許可新規申請手続
条　件：知事許可、一般建設業、一業種、一営業所、市内業者、専業、
　　　　個人・法人問わず、役員4名以内、完成工事高1億円以内

報　酬：14～20万円（受託時点で許可要件に適合している業者）

　　　　18～24万円（申請時点までに許可要件に適合させる業者）

注1　上記報酬の算定に当たっては、資格者、補助者共に日当を2万円に設定してあります。

注2　大臣許可、特定建設業の許可新規申請手続の場合には、別途報酬を加算致します。

⑦建設業許可更新申請手続

条　件：⑥に同じ

報　酬：40,000～80,000円

注1・注2共に⑥に同じ

⑧建設業事業年度終了報告手続

条　件：⑥に同じ

報　酬：25,000～80,000円

注1・注2共に⑥に同じ

⑨上記⑧＋経営状況分析＋経営事項審査の同時申請手続

条　件：⑥に同じ

報　酬：150,000～250,000円

注1・注2共に⑥に同じ

⑩市町村・その他公共機関等への建設工事入札参加資格審査申請手続

条　件：⑥に同じ

報　酬：20,000～60,000円

注1・注2共に⑥に同じ

⑪宅地建物取引業者免許新規申請手続

条　件：知事免許、一営業所、市内業者、個人・法人問わず、役員と従事者の合計が5名以内の業者

報　酬：70,000～120,000円

注1　⑥に同じ

注2　大臣免許の新規申請手続の場合には、別途報酬を加算致します。

⑫宅地建物取引業者免許更新申請手続

条　件：⑪に同じ

報　酬：100,000～150,000円

注1　⑥に同じ

注2　⑪に同じ

⑬合同会社設立手続

条　件：本店所在地は市内、資本金860万円未満、事業目的は10業種以内、業務執行社員４名以内、支店なし

報　酬：85,000～125,000円（司法書士の登記手続報酬を含む。）

⑭株式会社設立手続

条　件：本店所在地は市内、資本金2,143万円未満、事業目的は10業種以内、役員４名以内、支店なし

報　酬：123,500～163,500円（司法書士の登記手続報酬を含む。）

⑮上記以外の業務

　　他の行政書士や法律関連職の類似業務の報酬額を参考にしながら、当事務所の報酬算定方式による適正な料金で、かつ依頼者が納得される金額で業務を受託します。

風俗営業許可申請手続等の報酬額について

　風俗営業許可申請手続の中の第２号営業（社交飲食店）及び第７号営業（マージャン店）並びに深夜酒類提供飲食店営業営業開始届出手続の報酬額について全く判断がつかない場合には、申請に係る営業所（店舗）の「賃借料」をその一つの目安にする方法があります。

　営業所（店舗）の「賃借料」は通常、①その店舗が駅前の繁華街等に立地しているか否か、②上記３業種のうちのどの業種か、③店舗の階数と床面積はどの位か、④その店舗と同一業種の店舗で階数と床面積も同規模程度の近隣における世間相場はいくら位か等の４要素によって概ね決められています。

　一方、風俗営業許可申請手続等の行政書士報酬算定のための８要素も、これら４要素と密接に関連しております。したがって、その報酬額も、これら４要素から決められた営業所の「賃借料」を無視して全くこれとかけ離れた金額にするべきではなく、むしろ、この「賃借料」を積極的に活用して、例えば、その報酬額を概ね「賃借料」の半月分ないし１か月分に相当する金額を目安にして算定すれば、必ずや依頼者から納得が得られる適正妥当な金額に辿り着けるに違いありません。

エ　コメント

(1)　「建築図面」と「財務諸表」の学び方

　　上記①から⑤までの手続では「建築図面」の作製が、⑥から⑩までの手続では「財務諸表」の作成がそれぞれの業務の中核をなす。

しかし、これらの「建築図面」や「財務諸表」を作成する知識と能力は、現行の行政書士試験では未だに試されていないため、経験のない者は開業後相当な苦労を強いられるのである。従って、これらの業務を遂行する知識と能力は、筆者のように15年間機械工学系に在籍して「設計図面」に慣れ親しみ、「財務諸表」については行政書士資格を取得してから独学で修得した者には格別、そうでない場合は相当の勉学と訓練に励まなければ身に付けられないであろう。

　そこで、このような未経験の業務を依頼された場合には、最初のうちは無理をせず、その部分のみをその業務に習熟している専門職に依頼するのが無難であろう。そして、それら専門職が手がけた「各種図面」や「財務諸表」を参考にして相当の勉学と訓練に勤しみ、これらの業務を遂行するだけの知識と能力を身に付けた段階でその業務に着手することをお勧めしたい。

(2) 「枚数積算方式」による報酬算定上の問題点

　極めて残念なことではあるが、今日に至るも、未だに旧来からの「作成した書類の枚数を積算して」、許認可申請手続の報酬額を算定している行政書士が少なくない。

　しかしながら、不況による近年の建設業、不動産業、パチンコ店、ゲームセンター、パブスナック・キャバクラ等の飲食店営業の相次ぐ廃業は、行政書士のビジネス環境に劇的な変動をもたらした。このようなビジネス環境の下で許認可申請手続も一段と多様化、高度化、専門分化して年々複雑になってきている今日、私たち行政書士は、旧来からの「枚数積算方式」だけでは、依頼者が納得する適正で妥当な許認可申請手続の報酬額を算定するという課題には、到底答えることができない。

　そこで次に、最近の許認可申請手続業務を事例にして「枚数積算方式」が抱える報酬算定上の問題点について検討する。

　許認可申請手続業務は、申請手続を依頼されてから許認可を取得するまでの連続的な作業であり、その過程で求められるのは、申請手続を依頼された段階で、依頼者が許認可要件を具備しているか否かを的確に判断するために、依頼者からの綿密な聴き取り調査と、それを裏付ける資料等の収集・精査や現地調査等を慎重に進め、その結果を基に、許認可要件に適合するように申請書類や添付書類を作成することである。

　従って、このような性格を持つ業務については、個別に作業を抽出して、作成した書類ごとに単価を出し、それを積算して報酬を算定するな

どという「枚数積算方式」は、多様化・高度化・専門分化して年々複雑になってきている最近の許認可申請手続業務にはそぐわず、かつ、依頼者からの納得も得られない一人よがりなものであるといわざる得ない。

　読者におかれては、このような問題を抱える「枚数積算方式」に頼ることなく、本書を参考にして、合理的で明確な報酬算定方法を考案されるようお勧めしたい。

(3)　「行政書士会及び日本行政書士会連合会の報酬額の統計」の問題点

　行政書士会及び日本行政書士会連合会は、法第10条の2第2項の規定に基づいて、毎年1回、依頼者の選択及び行政書士業務の利便に資するために、行政書士がその業務に関し受ける報酬の額について統計を作成し、これを公表しているところである。

　そこで、現在公表されている報酬額の統計について検討する。

①　同統計は、ランダムに抽出された全国の会員からのアンケートを基にして、ただ単に個々の業務毎に報酬額の最低値・最高値・平均値・偏差値のデータを羅列したものに過ぎない。

②　従って同統計では、許認可手続業務の中で必要不可欠な、

　☆建設業許可にあっては、ⓐ受託時点で許可要件に適合している業者か否か、ⓑ許可区分等（業種と業種数等）、ⓒ建設業者の事業規模等（完成工事高等）の許可手続上の諸条件、

　☆風俗営業許可にあっては、ⓐ受託時点で許可要件に適合している店舗か否か、ⓑ営業者の事業規模、ⓒ営業所の所在用途地域（商業地域か否か）とその規模（階数・床面積・収容人数等）、ⓓ駐車場の有無、ⓔ建築図面の有無等の許可手続上の諸条件が、

それぞれ明示されていないために、依頼者の選択にはもちろん、行政書士の報酬算定にもほとんど役に立たず、むしろ両者にいらぬ誤解と混乱を招くだけのデータとなっている。

オ　建設業許可新規申請手続の報酬算定条件

　建設業許可新規申請手続の報酬算定に当たっては、後述する**タイムチャージ方式による行政書士報酬の算定基準**を単に適用するだけでは足りず、下記に示すような許可区分等と建設業者の事業規模等をも合わせて勘案することが必要である。

　なお、**下記報酬算定条件は、許可区分等と事業規模等に掲げた各項目を当該許認可手続のそれらに置き換えることにより、建設業許可新規申請手**

続以外の報酬算定にも応用できるはずである。
 (1) 許可区分等から見た報酬算定条件
  ①大臣許可又は知事許可のいずれか
  ②特定又は一般のいずれか
  ③許可の業種は何か、業種の数はいくつか
  ④許可の申請先はいずれの都道府県庁か（申請内容の事実確認のために提示・提出を求められる（行政手続法上かなり問題の多い）書類は、各許可行政庁毎に異なるので報酬算定条件に加えるべきである。）
  ⑤申請書が受理されてから許可が下りるまで何日要するか（審査期間も報酬算定条件に加えるべきである。）
 (2) 建設業者の事業規模等から見た報酬算定条件
  ①最初の面談の時点で建設業者が許可の5要件を備えているか否か
  ②個人か法人か
  ③建設業法上の営業所の所在地（事務所からの距離）と営業所の数
  ④完成工事高はいくらか
  ⑤資本金はいくらか
  ⑥建設業以外の兼業の有無
  ⑦法人の取締役等の人数
  ⑧建設業法上の経営管理者、専任技術者及び主任技術者の人数

カ 結　論

　前述したように、行政書士会及び日本行政書士会連合会が公表している統計は報酬算定上ほとんどその意味をなさないのに加えて、この統計が公表されているおかげで依頼者や所属会員の双方からは、
ⓐ算定の根拠・条件が明確でない
ⓑこの報酬額では高すぎる（安すぎる）
ⓒ実情に合っていない
ⓓ仕事に費やす時間と労力が反映されていない
ⓔ業務内容と報酬額との間に整合性がないものがある
ⓕこの報酬額表のどの辺りが妥当かどうか判断がつかず、決めたら決めたでかなりの不安がある
等の不平、不満、苦情が後を絶たないのである。

　以上のような多くの問題を抱えた上記統計表に頼らず、自らの意志で報

酬を算定するためには、まず業務を受託した段階で、依頼者が望む許認可手続に係る諸条件と依頼者の事業規模について、本稿**イ行政書士報酬算定のための8要素、ウ行政書士報酬の算定例とその条件及びオ建設業許可新規申請手続の報酬算定条件**を基にして把握した後に、後述の**タイムチャージ方式による行政書士報酬の算定基準**を基にして算出すれば、依頼者、行政書士双方が納得できる報酬額を見出すことができるに違いない。

このような依頼者にとって明確な報酬算定方法を堅持することこそが、行政書士の果たすべき法律関連職能としての責務であり、なおかつ実務に成功するための第一歩なのである。

2 ●行政書士（専業）A事務所の過去5年間における経営状況の推移

下記グラフは、行政書士事務所の経営実態を明らかにするため、行政書士専業事務所の過去5年間における、業務の受託件数並びに収入と支出及び所得額の内訳と推移を明示したものです。

[行政書士A氏のプロフィール]

出　　　身	昭和20年旧満州吉林省牡丹江で出生
学　　　歴	理工系の高校・私立夜間大学に就学
職　　　歴	光学機器メーカーに8年間勤務後独立
開 業 年 月	昭和47（1972）年4月
事務所の場所	埼玉県の中核都市
関与先業者数	建設業者150社、風俗営業店50店
主 要 業 務	風俗営業許可、建設業許可、建設業者の経営審査手続等の各種営業許認可手続等

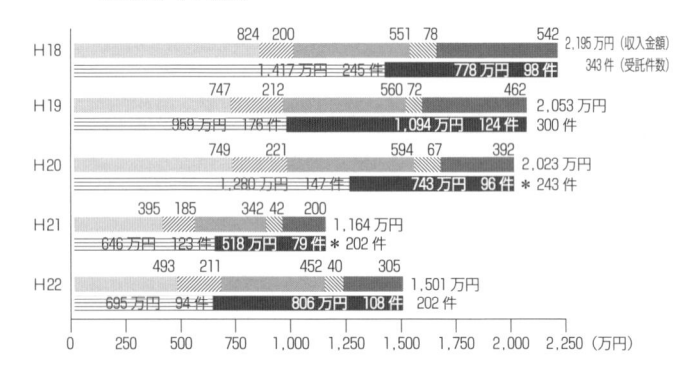

```
        824   200        551  78       542
H18 ▓▓▓▓▓▓▓▓▓▓▓▓▓▓▓▓▓▓▓▓▓▓▓▓▓▓▓  2,195万円（収入金額）
    ━━━━━━━━━━━━━━━━━━━━━━━━━━━━  343件（受託件数）
    1,417万円 245件   778万円 98件
        747   212        560 72       462
H19 ▓▓▓▓▓▓▓▓▓▓▓▓▓▓▓▓▓▓▓▓▓▓▓▓     2,053万円
    ━━━━━━━━━━━━━━━━━━━━━━━━━       300件
    959万円 176件   1,094万円 124件
        749   221        594 67       392
H20 ▓▓▓▓▓▓▓▓▓▓▓▓▓▓▓▓▓▓▓▓▓▓▓▓     2,023万円
    ━━━━━━━━━━━━━━━━━━━━━━━━       *243件
    1,280万円 147件   743万円 96件
        395 185   342 42  200
H21 ▓▓▓▓▓▓▓▓▓▓▓▓▓▓▓▓▓▓            1,164万円
    ━━━━━━━━━━━━━━━━━━━            *202件
    646万円 123件 518万円 79件
        493   211        452 40   305
H22 ▓▓▓▓▓▓▓▓▓▓▓▓▓▓▓▓▓▓▓▓▓         1,501万円
    ━━━━━━━━━━━━━━━━━━━━           202件
    695万円 94件   806万円 108件
    0   250  500  750 1,000 1,250 1,500 1,750 2,000 2,250 （万円）
```

　　　　■　　給料賃金（専従職員1名、パート職員3名）

　　　　▨　　賃借料（事務所家賃、駐車場代）

　　　　■　　水道光熱費、旅費交通費、通信費、接待交際費、消耗品費、利子割引料、
　　　　　　　リース料、雑費等

　　　　▨　　消費税、個人事業税　　　　≡　　風俗営業関係の収入金額と受託件数

　　　　■　　所得額　　　　　　　　　　■　　上記業務以外の収入金額と受託件数

＊平成20・21年度に風俗営業関係以外の収入金額と受託件数が共に激減しているのは、従来3年であった建設業許可の有効期間が、平成6年法律第63号により平成6年12月28日から5年に延長されたために、この2年間は、その3年と5年の谷間の年に当たり建設業許可更新手続の依頼が例年に比べてかなり少なかったからである。

3 ●行政書士と他の法律関連職事務所の経営指標

　行政書士Ａ事務所と法律関連職（行政書士、税理士、公証人役場・司法書士、社会保険労務士）事務所の経営状況を明らかにするため、各事務所ごとの経営指標－①人件費対売上高比率、②諸経費対売上高比率、③従事者1人当たり売上高、④従事者1人当たり人件費、⑤流動比率、⑥自己資本比率－を掲載します。読者の事務所の経営状況の自己診断の目安として活用してください。

(1)　行政書士Ａ事務所の経営指標

　①人件費対売上高比率（％）

$$=\frac{人件費}{売上高}\times100 = H18：62.2 \quad H22：53.2 \quad 2年平均57.7$$

　②諸経費対売上高比率（％）

$$=\frac{諸経費}{売上高}\times100 = H18：37.8 \quad H22：46.8 \quad 2年平均42.3$$

　③従事者1人当たり売上高（千円）

$$=\frac{売上高}{A氏＋従業員数} = H18：4,390 \quad H22：3,753 \quad 2年平均4,072$$

　④従事者1人当たり人件費（千円）

$$=\frac{人件費}{A氏＋従業員数} = H18：2,732 \quad H22：1,995 \quad 2年平均2,364$$

　⑤流動比率（％）

$$=\frac{流動資産}{流動負債}\times100 = H18：52.4 \quad H22：91.1 \quad 2年平均71.75$$

　⑥自己資本比率（％）

$$=\frac{自己資本}{総資本}\times 100 = \text{H18}:-64.6 \quad \text{H22}:-39.3 \quad 2年平均-51.95$$

注1　人件費は、A氏の所得額と従業員（H18：4名、H22：3名）の給料賃金を合算した額
　2　諸経費は、人件費を含めない額
　3　従業員数は、A氏と従業員数（H18：4名、H22：3名）を合算した員数

(2)　法律関連職（行政書士、税理士、公証人役場・司法書士、社会保険労務士）事務所の経営指標（平成20年から平成21年上半期の経営状態）

表1　[隣（他の法律関連職）の芝生（経営状態）が気になるわが家（行政書士）の芝生]

経営指標	行政書士	税理士	公証人役場・司法書士	社会保険労務士
①人件費対売上高比率（％）	58.9	63.3	59.1	57.4
②諸経費対売上高比率（％）	32.4	29.2	39.0	34.4
③従業員1人当たり売上高（千円）	6,214	8,883	9,310	7,673
④従業員1人当たり人件費（千円）	3,492	5,643	5,413	4,071
⑤流動比率（％）	240.2	357.5	362.8	422.9
⑥自己資本比率（％）	-17.7	15.6	-8.1	15.0

（出典：日本政策金融公庫総合研究所編『小企業の経営指標（2010年版）』
　　　　中小企業リサーチセンター発行のデータにより作成）

注1　売上高は、総売上高から売上値引き高及び戻り高を差し引いた純売上高に、その他の営業収益を加えた額（原則として消費税を含む）
　2　人件費は、退職金、福利厚生費を含めた額
　3　諸経費は、人件費、原価償却費、外注加工費を含めない額
　4　従業員数は、パート・アルバイトを除いた数
　5　調査対象数：行政書士事務所(14)、税理士事務所（150）、公証人役場・司法書士事務所(12)、社会保険労務士事務所(18)
　6　この調査では、司法書士事務所のみを対象にした指標は見当たらないので、公証人役場・司法書士事務所の数値を掲げる。
　7　この調査では、公証人役場以外の事務所は、他の法律関連職との兼業の有無が不明なので、このことも念頭に置いて、指標を参考にされたい。
　8　流動比率は、流動資産と流動負債の比率を示しており、この比率が高いほど企業の支払い能力が大きいことを意味する。
　9　自己資本比率は、総資本に占める自己資本の比率を表す。この比率が高い企業は、返済を要する他人資本（負債）が少なく、金利負担も軽いので、資本面からみて体力が強いといえる。

4 ●タイムチャージ方式による行政書士報酬の算定基準

(1) 行政書士の報酬や職員の人件費は、最初に決めた金額がそのまま固定化するわけではなく、他のすべての価格等と同様にその時代の経済動向や事務所の経営状況に応じて年々変動していくものである。

(2) 行政書士が依頼者に対して報酬を請求する時の報酬算定の一例として、その業務に費消した所長と職員の日当等を基準にするタイムチャージ方式による方法がある。本稿は、その日当等を算出することを目的とした論稿である。

なお、論述するにあたり、直近の平成22年度分ではなく、平成21年度分の経営状況を採用したのは、今日事務所を維持していくためには少なくとも年収1千万円が必要であろうと判断したからである。

(3) 表2は、所長と職員の日当等を算定するために、前掲「行政書士A事務所の過去5年間における経営状況の推移」上の平成18・21年度における所得額を基準にして、所長の所得・報酬と職員4名の人件費について、平成18年度分を最高額、平成21年度分を最低額として、年間労働時間を12ヵ月／4週間／5日／7時間の単位で除し、それぞれの単位ごとに金額を算出したものである。

従って、行政書士が受託した業務のタイムチャージ方式による報酬額は、本表の報酬額の欄を参考にしながら所長の日当等を、人件費の欄を参考にしながら職員の日当等を、それぞれの事務所の実情に合わせて独自に算出した上で、それらの金額を積算して求めることになるであろう。

表2　[平成18・21年度における所長の所得・報酬と職員4名の人件費]

期間	労働時間	所得 最高額	所得 最低額	報酬 最高額	報酬 最低額	職員4名の人件費 最高額	職員4名の人件費 最低額
		(円)	(円)	(円)	(円)	(円)	(円)
1 h	1 h	3,230	1,190	4,450	1,770	6,760	3,500
1 日	7 h	22,580	8,330	31,120	12,410	47,290	24,500
1 週	35 h	112,920	41,670	155,580	62,060	236,440	122,480
1 月	140 h	451,670	166,670	622,330	248,250	945,750	489,920
1 年	1680 h	5,420,000	2,000,000	7,468,000	2,979,000	11,349,000	5,879,000

●最高所得ベース（平成18年度）の時給等算定式
　1 h ＝22,580円÷7 h ≒3,230円

1日＝112,920円÷5日≒22,580円
　　1週＝451,670円÷4週≒112,920円
　　1月＝542万円÷12ヵ月≒451,670円

●最高所得ベースの報酬額及び職員4名の人件費算定の基となる金額の算定
　式（単位：万円）
　　A事務所の年間諸経費総計
　　＝年収－（年間所得額＋年間給料賃金）＝2,195－（542＋824）＝829
　　年収に占める年間所得額の割合
　　＝年間所得額÷年収＝542÷2,195＝24.7％
　　年収に占める年間給料賃金の割合
　　＝年間給料賃金÷年収＝824÷2,195＝37.5％
　　A氏の年間諸経費の負担金額（A）＝829×24.7％≒204.8
　　職員の年間諸経費の負担金額（職）＝829×37.5％≒310.9
　　A氏の年間報酬額＝年間所得＋（A）＝542＋204.8＝<u>746.8</u>
　　職員の年間人件費＝年間所得＋（職）＝824＋310.9＝<u>1,134.9</u>

※最高所得ベースの報酬額及び職員4名の人件費の算定式は、上記時給等算定式に準ずる。

●最低所得ベース（平成21年度）の時給等算定式
　　1h＝8,330円÷7h≒1,190円
　　1日＝41,670円÷5日≒8,330円
　　1週＝166,670円÷4週≒41,670円
　　1月＝200万円÷12ヵ月≒166,670円

●最低所得ベースの報酬額及び職員4名の人件費算定の基となる金額の算定
　式・その1（単位：万円）
　　A事務所の年間諸経費総計
　　＝年収－（年間所得額＋年間給料賃金）＝1,164－（200＋395）＝569
　　年収に占める年間所得額の割合
　　＝年間所得額÷年収＝200÷1,164＝17.2％
　　年収に占める年間給料賃金の割合
　　＝年間給料賃金÷年収＝395÷1,164＝33.9％
　　A氏の年間諸経費の負担金額（A）＝569×17.2％≒97.9
　　職員の年間諸経費の負担金額（職）＝569×33.9％≒192.9
　　A氏の年間報酬額＝年間所得＋（A）＝200＋97.9＝<u>297.9</u>
　　職員の年間人件費＝年間給料＋（職）＝395＋192.9＝<u>587.9</u>

※最低所得ベースの報酬額及び職員4名の人件費の算定式は、上記時給等算定式に準ずる。

(4) 表3は、表2の数値を基準にして算出した「平成18・21年度における所

長報酬と職員4名の人件費の2年平均値」である。

表3 〔平成18・21年度における所長報酬と職員4名の人件費の2年平均値〕

期間	労働時間	報酬 最高額	報酬 最低額	報酬 平均値	職員4名の人件費 最高額	職員4名の人件費 最低額	職員4名の人件費 平均値
		(円)	(円)	(円)	(円)	(円)	(円)
1h	1h	4,450	1,770	3,110	6,760	3,500	5,130
1日	7h	31,120	12,410	21,770	47,290	24,500	35,900
1週	35h	155,580	62,060	108,820	236,440	122,480	179,460
1月	140h	622,330	248,250	435,290	945,750	489,920	717,840
1年	1680h	7,468,000	2,979,000	5,223,500	11,349,000	5,879,000	8,614,000

(5) 前掲「行政書士A事務所の過去5年間における経営状況の推移」のグラフで注目すべきは、平成18年度以降A氏の所得額（542万円）が職員の給料賃金総額（824万円）を下回り続け、平成21年度には遂にその格差が2倍（200:395万円）にまで拡大したことである。平成18年度には2,195万円あった収入が、平成21年度にはその5割強の1,164万円にまで減収したにもかかわらず、職員の給料賃金総額も5割強しか減額しなかったことが、その格差を2倍にまで拡大させた要因である。

このような不健全な経営状況を改善するために最も容易なのは、A氏の所得額と職員の給料賃金総額を逆にすることである。そして、逆にした場合には、A氏の所得額は395万円、職員の給料賃金総額は200万円となり、この金額の変更による本人と職員の日当等についても、表2の「報酬欄中の最低額の欄」と「職員4名の人件費欄中の最低額の欄」の金額を相互に読み替えるだけで判明するはずである。

なお、上述の「表2の双方の欄相互間の読み替え」が可能であることを明らかにするため、以下に「最低所得ベースの報酬額及び職員4名の人件費算定の基となる金額の算定式・その2」を掲げておく。

● 最低所得ベースの報酬額及び職員4名の人件費算定の基となる金額の算定式・その2 （単位：万円）
A事務所の年間諸経費総計
＝年収－（年間所得額＋年間給料賃金）＝1,164－（395＋200）＝569
年収に占める年間所得額の割合
＝年間所得額÷年収＝395÷1,164＝33.9%
年収に占める年間給料賃金の割合
＝年間給料賃金÷年収＝200÷1,164＝17.2%

A氏の年間諸経費の負担金額（A）＝569×33.9%≒192.9
職員の年間諸経費の負担金額（職）＝569×17.2%≒97.9
A氏の年間報酬額＝年間所得＋（A）＝395＋192.9＝587.9
職員の年間人件費＝年間給料＋（職）＝200＋97.9＝297.9

(6) 表4は、事務所歴等が異なる行政書士及び補助者が、同一業務を処理した場合の、当該業務に係るタイムチャージ方式による報酬算定のための標準的な執務時間を例示したものである。

表4　件名：建設業許可新規申請の手続、報酬額：約20万円の場合
　　　資格者A：事務所歴1～5年程度の自宅兼事務所の単独行政書士
　　　資格者B：事務所歴5～10年程度の独立事務所の単独行政書士
　　　資格者C：事務所歴10年以上の独立事務所の補助者雇用行政書士

（単位：時間）

執務時間の内訳	資格者A	資格者B	資格者C	補助者
1．依頼者との建設業許可申請手続に係る質疑応答	1	1	1	－
2．許可要件に係る資料等の収集と調査確認	4	2	2	－
3．補助者等との申請手続上の打ち合わせ	－	－	－	1
4．必要書類等の収集と作成	8	6	－	8
5．申請書類の最終確認	2	1	1	－
6．許可行政庁への申請代理手続	3	3	－	3
7．申請書類の控えを依頼者に交付し報酬受領	0.5	0.5	0.5	0.5
8．事務所控え用申請書類のファイリングと経理処理等	0.5	0.5	－	0.5
合計	19	14	4	13

資格者Aの1時間当たりの報酬額＝200,000円÷19時間≒10,520円
資格者Bの1時間当たりの報酬額＝200,000円÷14時間≒14,280円
資格者Cの1時間当たりの報酬額＝(200,000円－13時間×5,000円)÷4時間
　　　　　　　　　　　　　　＝33,750円
（但し、資格者Cの補助者の1時間当たりの報酬額は5,000円に設定してある。）

(7) 上記表4で注目すべき点

① 資格者Aは、事務所歴1～5年程度の自宅兼事務所の単独行政書士であるために、本件業務の経験が浅く、かつ業務を遂行する知識と能力も未だ未熟であることから本件業務に費やす執務時間が最も長く、1時間当たりの報酬額も最低額となっている。

② 資格者Bは、事務所歴5～10年程度の独立事務所の単独行政書士であるために、本件業務の経験が豊富で、かつ業務を遂行する知識と能力も充分に兼ね備えていることから本件業務に係る執務時間、1時間当たり

の報酬額のいずれも標準的なものとなっている。
③　資格者Ｃは、事務所歴10年以上の独立事務所の補助者を雇用する行政書士であるために、本件業務の経験が相当に豊富で、かつ業務を遂行する知識と能力も高度で専門的になっていることから本件業務に係る執務時間が（補助者を使用しているために）最も短く、１時間当たりの報酬額も最高額となっている。
④　上記資格者Ａ・Ｂ・Ｃのそれぞれの１時間当たりの報酬額は、建設業許可新規申請の手続を約20万円で受託処理した場合の金額であり、かつ本件業務の依頼者が１年を通じて間断なく来所した場合の金額である。

　しかし、近年の建設業界の不況により、許認可手続等の需要が激減している一方で、行政書士会員が４万５千人に迫る勢いで激増し続けている現状にあっては、本件業務の依頼者が１年を通じて間断なく来所するなどということはほとんど期待できないと筆者は考える。
　例えば、筆者の事務所における平成21年度の収入金額（1,164万円）を、本件建設業許可新規申請の手続の報酬額約20万円で除すると約58件分にしか過ぎないのであり、それでも上記日当等を稼ぎ出すのは容易ではなく、相当の苦戦を強いられているのである。
　そこで、一見相当高額に設定されているように思われるかもしれないこれら資格者Ａ・Ｂ・Ｃのそれぞれの１時間当たりの報酬額が、**実際のところ、今日の平均的な行政書士の年間収入や年間所得から逆算した場合には、相当の低額になる**ことを次の表５及び(8)で明らかにしよう。

表５　［年収別に見る資格者Ａ・Ｂ・Ｃが建設業許可新規申請の手続を約20万円で受託処理した場合の収入・経費・所得比較表］
（本表の作成に当たっては、前掲「行政書士Ａ事務所の平成21年度の経営状況」のデータを参考にした。）　　　　　　　　　　　　　　　　　　（単位：千円）

資格者名	年収＝報酬20万円×件数	１時間当たりの収入(円)	地代家賃
資格者Ａ	500万円＝20万円×25件	500万円÷1680Ｈ≒2,980	――
資格者Ｂ	500万円＝20万円×25件	500万円÷1680Ｈ≒2,980	1,848（36.96％）
	1,000万円＝20万円×50件	1,000万円÷1680Ｈ≒5,960	1,848（18.48％）
資格者Ｃ	1,000万円＝20万円×50件	1,000万円÷1680Ｈ≒5,960	1,848（18.48％）

資格者名	人件費	その他の経費	年間所得	1時間当たりの所得(円)
資格者A	──	1,618（32.36％）	3,382（67.64％）	3,382÷1680H≒2,010
資格者B	──	1,618（32.36％）	1,534（30.68％）	1,534÷1680H≒ 913
	──	3,236（32.36％）	4,916（49.16％）	4,916÷1680H≒2,930
資格者C	1,000（10％）	3,236（32.36％）	3,916（39.16％）	3,916÷1680H≒2,330

(8) 前掲の表4と表5との比較で注目すべき点

① 表4によれば、資格者Aが建設業許可新規申請の手続を約20万円で受託処理した場合の1時間当たりの報酬額は10,520円になるものの、表5によると、同手続を25件受託処理したとしても年収が500万円にしかならず、年間労働時間を1,680時間とした場合には、1時間当たりの収入は2,980円・所得は2,010円にしかならないのであり、年間所得も3,382千円に止まるのである。

② 表4によれば、資格者Bが建設業許可新規申請の手続を約20万円で受託処理した場合の1時間当たりの報酬額は14,280円になるものの、表5によると、同手続を25件受託処理したとしても年収が500万円にしかならず、年間労働時間を1,680時間とした場合には、1時間当たりの収入は2,980円・所得は913円にしかならないのであり、年間所得も200万円に満たない1,534千円に止まる最悪のパターンである。

しかしながら、同手続を50件受託処理した場合には、年収が1,000万円になり、年間労働時間を1,680時間とした場合には、1時間当たりの収入は5,960円・所得は2,930円になり、年間所得も4,916千円になるのである。

③ 表4によれば、資格者Cが建設業許可新規申請の手続を約20万円で受託処理した場合の1時間当たりの報酬額は33,750円になるものの、表5によると、同手続を50件受託処理した場合には、年収が1,000万円になり、年間労働時間を1,680時間とした場合には、1時間当たりの収入は5,960円・所得は2,330円になり、年間所得も3,916千円になるのである。

結論

従って結局のところ、両表から導き出せる結論は、

第1に資格者Aのように独立事務所を持たず、かつ補助者も雇用せず、自宅兼事務所で資格者単独で、建設業許可新規申請手続25件分に相当する年収を得ることのできるような事務所をめざすか、

第2に資格者Bのように独立事務所は持つが、補助者を雇用せず、資格者単独で、建設業許可新規申請手続50件分に相当する年収を得ることのできるような事務所をめざすか、あるいは
　第3に資格者Cのように独立事務所を持ち、かつ補助者も雇用して、建設業許可新規申請手続50件分に相当する年収を得ることのできるような事務所をめざすのが、より高額な年収と年間所得を得るのに最も適しているといえるのである。

5 ●行政書士Ａ事務所の直前１年分の決算書

　ほとんどの行政書士が、自分の事務所の収入や諸経費、さらには所得を他人にあまり知られたくないのは当然であって、それを公表せずに秘密にしておくことも世上非難されることではありません。
　しかしながら、それでは、独立開業をめざしている有資格者にとってはその判断材料が得られず、既に開業している行政書士にとっては自分の事務所経営を客観的に判断するためのデータを得る機会がありません。
　そこでここでは、それらの課題を解決するための指針として、筆者の「平成22年分所得税青色申告決算書」をそのまま掲載致しますので、読者の事務所経営にお役立てください。

平成 22 年分所得税青色申告決算書（一般用）

住所	越谷市川柳町1-215	
事業所所在地	越谷市東越谷7-134-1	
業種名	行政書士	屋号 後藤法律事務所
フリガナ	ゴトウ ヒロカズ	
氏名	後藤 紘和 ㊞	
電話番号	（自宅）048-987-2418 （事業所）048-965-5154	
加入団体名		

依頼税理士等

事務所所在地	越谷越谷市門前東1-2-2 ララ・セルバひかり3F
氏名（名称）	税理士 橋本一毅
電話番号	048-978-3012

整理番号 0 2 8 0 9 6 9 2

損益計算書（自 1月1日 至 12月31日）

科目	金額（円）	科目	金額（円）
売上（収入）金額（雑収入を含む）①	15,013,913	貸倒引当金 ㉝	5,086,000
期首商品（製品）棚卸高 ②	400,005	㉞	
仕入金額（製品製造原価）③	3,430,003	㉟	
小計（②+③）④	4,000,005	計 ㊱	5,086,000
期末商品（製品）棚卸高 ⑤	2,966,552	専従者給与 ㊲	1,500,000
差引原価（④-⑤）⑥	1,033,453	貸倒引当金 ㊳	231,000
差引金額（①-⑥）⑦	13,980,460	㊴	
租税公課 ⑧	150,035	㊵	
荷造運賃 ⑨	21,500	計 ㊶	1,523,100
水道光熱費 ⑩	178,400	青色申告特別控除前の所得金額（㉜-㊶） ㊷	3,050,470
旅費交通費 ⑪	94,500	青色申告特別控除額 ㊸	650,000
通信費 ⑫	343,007	所得金額（㊷-㊸） ㊹	2,400,470
広告宣伝費 ⑬	211,000		
接待交際費 ⑭	784,009		
損害保険料 ⑮	215,000		
修繕費 ⑯			
消耗品費 ⑰	386,300		
減価償却費 ⑱	957,500		
福利厚生費 ⑲	145,778		
給料賃金 ⑳			
外注工賃 ㉑			
利子割引料 ㉒			
地代家賃 ㉓	1,176,320		
貸倒金 ㉔			
車輌費 ㉕	131,620		
新聞図書費 ㉖	64,208		
リース料 ㉗			
固定資産除却損 ㉘	104,885		
諸手数料 ㉙	1,049,700		
雑費 ㉚	451,497		
計 ㉛	7,140,270		
差引金額（⑦-㉛） ㉜	7,713,173		

○青色申告特別控除については、「決算の手引き」の「青色申告特別控除」の項を読んでください。

【控用】
○申告には、必ず【提出用】を使ってください。

56

平成 [2][2] 年分

ﾌﾘｶﾞﾅ ゴトウ ヒロカズ
氏名 後藤 紘和

[0][2][8][0][9][6][9][2]

○月別売上（収入）金額及び仕入金額

月	売上（収入）金額	仕入金額
1	993,300 円	
2	1,159,060	
3	1,000,660	
4	1,008,180	
5	1,200,468	
6	853,800	
7	1,197,755	
8	1,471,510	
9	1,223,330	
10	1,184,100	
11	1,752,550	
12	1,924,560	
家事消費等		
雑収入	4 4 6 4 0	
計	1 5 0 1 3 9 1 3	

○給料賃金の内訳

氏名	年齢	従事月数	給料賃金	賞与	合計	源泉徴収税額
○○○○	49	12	1,164,250	50,000	1,214,250	6,500 円
○○○○	47	12	1,260,750	50,000	1,310,750	9,620
○○○○	50	10	825,500	30,000	855,500	940
その他（ 人分）延べ従事月数		3 4				
計			3,250,500	130,000	3,380,500	1 7 0 6 0

○専従者給与の内訳

氏名	続柄	年齢	従事月数	給料	賞与	合計	源泉徴収税額
後藤 勝子	妻	63	12	1,200,000	300,000	1,500,000	23,500
計 延べ従事月数			1 2	1,200,000	300,000	1,500,000	2 3 5 0 0

○貸倒引当金繰入額の計算

	金額
個別評価による貸倒引当金繰入額 ①	円
一括評価による貸倒引当金繰入額 年末における一括評価による貸倒引当金の対象となる貸金の額 ②	420,571
本年分繰入限度額（②×5.5％（金融業は3.3％）） ③	23,131
本年分繰入額 ④	23,100
本年分の貸倒引当金繰入額（①＋④） ⑤	23,100

○青色申告特別控除額の計算

	金額
本年分の不動産所得の金額（青色申告特別控除額を差し引く前の金額） ⑥	円
青色申告特別控除前の所得金額 ⑦	3,050,470
65万円の青色申告特別控除を受ける場合 青色申告特別控除額（65万円と⑦のいずれか少ない方の金額） ⑧	650,000
上記以外 青色申告特別控除額（10万円と⑦のいずれか少ない方の金額） ⑧	
の場合 青色申告特別控除額（⑧と⑨のいずれか少ない方の金額） ⑨	

(注) 貸倒引当金、専従者給与や5ページの特典を利用する人は、貸倒以外の特典にその明細を記載し、この決算書に添付してください。

Ⅱ 行政書士報酬の算定と事務所経営 57

○この用紙は、控用です。申告には、必ず提出用を使ってください。

○減価償却費の計算

減価償却資産の名称等(繰延資産を含む)	面積又は数量	取得年月	⑦取得価額(償却保証額)	⑨償却の基礎になる金額	償却方法	耐用年数	⑨償却率又は改定償却率	⑨本年中の償却期間	⑨本年分の普通償却費(⑨×⑨×⑨)	割増(特別)償却費	⑨本年分の償却費合計(⑨+⑨)	⑨事業専用割合	⑨本年分の必要経費算入額(⑨×⑨)	⑨未償却残高(期末残高)	摘要
クローラ 5058179	1	22. 9	320,000円 (償却保証額)	320,000	定	年 2	.500	4月 12/12	53,333円	円	53,333	% 90	47,999円	266,667円	
鋼		1. 8	580,000	29,000				12/12	5,799		5,799	100	5,799	11,603	修繕枠
鋼		2. 1	365,000	18,250				12/12	3,649		3,649	100	3,649	7,303	修繕枠
農具		4.10	205,480	10,274				12/12	2,054		2,054	100	2,054	4,112	修繕枠
アートサイン	1	14. 6	400,000	360,000	旧定額	10	.100	12/12	36,000		36,000	100	36,000	91,000	
								12/12							
								12/12							
								12/12							
計									100,835		100,835		95,501	380,685	

(注) 平成19年4月1日以後に取得した減価償却資産については定額法を採用する場合にのみ⑦欄のカッコ内に償却保証額を記入します。

○利子割引料の内訳(金融機関を除く)

支払先の住所・氏名	期末現在の借入金等の金額	本年中の利子割引料	左のうち必要経費算入額
	円	円	円

○地代家賃の内訳

支払先の住所・氏名	賃借物件	本年中の賃借料・権利金等	左の賃借料のうち必要経費算入額
越谷市南町○-○-○ ○○○○	事務所	権 63,000円 賃 1,647,600	円 1,710,600
○○○○○ 他	駐車場	権 賃 399,450 他	399,450

○税理士・弁護士等の報酬・料金の内訳

支払先の住所・氏名	本年中の報酬等の金額	左のうち必要経費算入額	源泉徴収税額
越谷市東1-2-2 フラットハイツ403 税理士 橋本一徹	278,250円	278,250円	26,500円

◎本年中における特殊事情

58

貸借対照表 (資産負債調)

(平成22年12月31日現在)

資産の部

科目	1月1日(期首)	12月31日(期末)
現 金	393,971	278,819
当座預金		
定期預金		
その他の預金	2,369,315	3,872,989
受取手形		
売掛金	838,240	314,501
有価証券	700,000	700,000
棚卸資産	40,005	29,652
前払金	365,650	376,154
貸付金		
建物		
建物附属設備		
機械装置		
車両運搬具	145,834	266,667
工具器具備品	161,520	114,018
土地		
立替金	228,460	106,070
電話加入権	70,800	70,800
出資金	10,000	10,000
敷金	252,000	252,000
保証金	19,950	19,950
事業主貸		3,397,970
合計	5,595,745	9,809,590

(注)元入金は、「期首の資産の総額」から「期首の負債の総額」を差し引いて計算します。

負債・資本の部

科目	1月1日(期首)	12月31日(期末)
支払手形		
買掛金		
借入金	7,400,000	8,210,000
未払金	189,290	285,258
前受金		
預り金	18,760	47,030
未払消費税	285,000	363,300
貸倒引当金		
事業主借		186,337
元入金	58,600	23,100
青色申告特別控除前の所得金額		-2,355,905
合計	5,595,745	9,809,590

※青色申告特別控除額は、2ページの「損益計算書」の⑱欄に転記してください。

製造原価の計算

(原価計算を行っていない人は、記入する必要はありません。)

科目	金額
期首原材料棚卸高 ①	
原材料仕入高 ②	
小計 (①+②) ③	
期末原材料棚卸高 ④	
差引原材料費 (③-④) ⑤	
労務費 賃金 ⑥	
外注工費 ⑦	
電力費 ⑧	
水道光熱費 ⑨	
修繕費 ⑩	
減価償却費 ⑪	
その他の経費 ⑫	
⑬	
⑭	
⑮	
⑯	
⑰	
⑱	
⑲	
⑳	
計 ㉑	
総製造費 (⑤+⑥+⑳) ㉒	
期首半製品・仕掛品棚卸高 ㉓	
小計 (㉒+㉓) ㉔	
期末半製品・仕掛品棚卸高 ㉕	
製品製造原価 (㉔-㉕) ㉖	

(注)㉖の欄の金額は、1ページの「損益計算書」の③欄に転記してください。

Ⅱ 行政書士報酬の算定と事務所経営 59

III 依頼者が納得する適正で妥当な請求書の作り方
── その業務の根拠法令と罰則 ──

●建設業許可申請手続等に関連する請求書

　「日本行政書士会連合会の定める領収証の基本様式に関する規則」に基づく取扱要領によれば、領収証の「項目」欄には、「事件名、書類作成業務、提出手続代行業務、提出手続代理業務、相談業務、顧問業務、実地調査に基づく図面作成業務、電磁的記録に関する業務、日当等を任意に記入できるものとする」と定めておりますが、請求書の様式については、何らの規定もありません。

　そこで本稿では、筆者が長年にわたり実務上使用してきた建設業許可申請手続等に関連する請求書のひな形に加えて、許可申請等の条件とその手続に係る法令を掲載しますので、読者におかれましては、このひな形を参考にして依頼者が納得する適性で妥当な請求書を作成されるよう期待するものです。

　なお、この請求書で筆者が特に意を用いたのは、「業務区分」欄に「協議、調査、申請手続、立会検査」の項目を入れて、その業務をどのように遂行したかを明確にして、依頼者の理解と納得が得られるような体裁にしたことです。

●建設業許可新規申請手続(知事・一般)

様式第2号

御　請　求　書

㈱さいたま工務店　様

平成23年6月1日　請求
平成23年6月10日　領収

下記のとおりご請求致します。

埼玉県越谷市東越谷7丁目134番地1
行政書士　後藤紘和事務所
電　話　0489(65)5154㈹
ＦＡＸ　0489(65)5158

業務区分	件　　　名	報　酬　額	証紙代及び印紙代等
協議・調査・申請手続・立会検査	建設業許可新規申請手続(知事・一般)	163,000	90,000
	経営業務管理責任者証明書の裏付、常勤確認資料の収集・精査	20,000	
	専任技術者証明書の裏付、常勤確認資料の収集・精査	15,000	
	会社謄本、閉鎖謄本(全3通)の収集	3,000	3,000
	住民票(2名分)の収集	1,000	1,000
	身分証明書、身分登記証明書(3名分)の収集	3,000	3,000
	都道府県法人事業税納税証明書の収集	5,000	
	小　　　　計	① 210,000	② 97,000
その他の費用	旅費等　③	立替金　⑤	
	送　料　④	消費税　⑥	10,500
合　計	①+②+③+④+⑤+⑥ 金　　　　317,500円	見　積　第11―0601号	

【許可申請等の条件】
●都道府県知事許可申請、一般建設業、一業種、一営業所、法人業者、取締役3名以内、行政書士事務所と同一市区町村区域内業者、経営業務管理責任者及び(実務経験)専任技術者各1名、年間完成工事高1億円以内、兼業なし

●建設業許可更新申請手続(知事・一般)

様式第2号

御 請 求 書

㈱さいたま工務店　様

　　　　　　　　　　　　　　　　　　　平成23年6月1日　請求
　　　　　　　　　　　　　　　　　　　平成23年6月10日　領収

下記のとおりご請求致します。

　　　　　　　　　　　埼玉県越谷市東越谷7丁目134番地1
　　　　　　　　　　　行政書士　後藤紘和事務所
　　　　　　　　　　　電　話　0489(65)5154(代)
　　　　　　　　　　　ＦＡＸ　0489(65)5158

業務区分	件　　　名	報酬額	証紙代及び印紙代等
協議・調査・申請手続・立会検査	建設業許可更新申請手続(知事・一般)	50,000	50,000
	住民票(2名分)の収集	1,000	1,000
	身分証明書、身分登記証明書(3名分)の収集	3,000	3,000
	小　　　計	① 54,000	② 54,000
その他の費用	旅費等　③	立替金　⑤	
	送　料　④	消費税　⑥	2,700
合　計	①+②+③+④+⑤+⑥ 金　　　　110,700円	見　積　第11—0601号	

【許可申請等の条件】
●都道府県知事許可申請、一般建設業、一業種、一営業所、法人業者、取締役3名以内、行政書士事務所と同一市区町村区域内業者、経営業務管理責任者及び(実務経験)専任技術者各1名、年間完成工事高1億円以内、兼業なし

●建設業事業年度終了報告手続（知事・一般）

様式第2号

御 請 求 書

㈱さいたま工務店　様

　　　　　　　　　　　　　　　　平成23年6月1日　請求
　　　　　　　　　　　　　　　　平成23年6月10日　領収

下記のとおりご請求致します。

　　　　　　　　　　埼玉県越谷市東越谷7丁目134番地1
　　　　　　　　　　行政書士　後藤紘和事務所
　　　　　　　　　　電　話　0489（65）5154㈹
　　　　　　　　　　ＦＡＸ　0489（65）5158

業務区分	件　　名	報　酬　額	証紙代及び印紙代等
協議・調査・申請手続・立会検査	建設業事業年度終了報告手続（第10期）	25,000	
	（財務諸表作成、県庁出張含む）		
	都道府県法人事業税納税証明書の収集	5,000	400
	小　　　　　計	① 30,000	② 400
その他の費用	旅費等　③	立替金　⑤	
	送　料　④	消費税　⑥ 1,500	
合　計	①+②+③+④+⑤+⑥ 金　　　　　31,900円	見　積　第11—0601号	

【建設業者の規模等】
●都道府県知事許可、一般建設業、一業種、一営業所、法人業者、取締役3名以内、行政書士事務所と同一市区町村区域内業者、経営業務管理責任者及び（実務経験）専任技術者各1名、年間完成工事高1億円以内、年間工事件数20件以内、兼業なし

●建設業経営事項審査申請手続(知事・一般)

様式第2号

御 請 求 書

㈱さいたま工務店　様

　　　　　　　　　　　　　　　　　　平成23年6月1日　請求
　　　　　　　　　　　　　　　　　　平成23年6月10日　領収

下記のとおりご請求致します。

　　　　　　　　　　　　埼玉県越谷市東越谷7丁目134番地1
　　　　　　　　　　　　行政書士　後藤紘和事務所
　　　　　　　　　　　　電　話　0489(65)5154(代)
　　　　　　　　　　　　ＦＡＸ　0489(65)5158

業務区分	件　　　　　　名	報　酬　額	証紙代及び印紙代等
協議・調査・申請手続・立会検査	建設業事業年度終了報告手続(第10期)	59,600	400
	(財務諸表作成、県庁出張含む)		
	都道府県法人事業税納税証明書の収集	5,600	400
	建設業経営状況分析申請	56,060	13,940
	建設業経営事項審査申請・申請業種3業種	93,600	16,400
	工事契約書等調査確認	20,000	
	建設業経営事項シミュレーション	5,140	
	小　　　　計	① 240,000	② 31,140
その他の費用	旅費等　③	立替金　⑤	
	送料　④	その他の費用　消費税　⑥	12,000
合　計	①+②+③+④+⑤+⑥ 金　　　　　　283,140円	見　積　第11―0601号	

【建設業者の規模等】
●都道府県知事許可、一般建設業、三業種、一営業所、法人業者、取締役3名以内、行政書士事務所と同一市区町村区域内業者、経営業務管理責任者及び(実務経験)専任技術者各1名、年間完成工事高1億円以内、年間工事件数20件以内、兼業なし、建設業経営事項審査を毎年受審している建設業者

> 根拠法令

建設業法（抄）［昭和24年5月24日法律第100号］

最終改正　平成23年6月24日法律第74号

（建設業の許可）

第3条　建設業を営もうとする者は、次に掲げる区分により、この章で定めるところにより、二以上の都道府県の区域内に営業所（本店又は支店若しくは政令で定めるこれに準ずるものをいう。以下同じ。）を設けて営業しようとする場合にあっては国土交通大臣の、一の都道府県の区域内にのみ営業所を設けて営業する場合にあっては当該営業所の所在地を管轄する都道府県知事の許可を受けなければならない。ただし、政令で定める軽微な建設工事のみを請け負うことを営業とする者は、この限りでない。

3　第1項の許可は、5年ごとにその更新を受けなければ、その期間の経過によって、その効力を失う。

［以下省略］

「罰則」　1項＝47条1号〔3年以下の懲役・300万円以下の罰金〕53条1号〔後掲〕
　　　　　3項＝47条1号〔3年以下の懲役・300万円以下の罰金〕53条1号

（許可の申請）

第5条　一般建設業の許可（第8条第2号及び第3号を除き、以下この節において「許可」という。）を受けようとする者は、国土交通省令で定めるところにより、二以上の都道府県の区域内に営業所を設けて営業しようとする場合にあっては国土交通大臣に、一の都道府県の区域内にのみ営業所を設けて営業する場合にあっては当該営業所の所在地を管轄する都道府県知事に、次に掲げる事項を記載した許可申請書を提出しなければならない。

［以下省略］

「罰則」　本条＝50条1号〔6月以下の懲役・100万円以下の罰金〕53条2号〔後掲〕

（許可申請書の添付書類）

第6条　前条の許可申請書には、国土交通省令の定めるところにより、次に掲げる書類を添付しなければならない。

［以下省略］

「罰則」　1項＝50条1号〔6月以下の懲役・100万円以下の罰金〕53条2号

(変更等の届出)

第11条 許可に係る建設業者は、第5条第1号から第4号までに掲げる事項について変更があったときは、国土交通大臣の定めるところにより、30日以内に、その旨の変更届出書を国土交通大臣又は都道府県知事に提出しなければならない。

2 　許可に係る建設業者は、毎事業年度終了の時における第6条第1項第1号及び第2号に掲げる書類その他国土交通省令で定める書類を、毎事業年度経過後4月以内に、国土交通大臣又は都道府県知事に提出しなければならない。

3 　許可に係る建設業者は、第6条第1項第3号に掲げる書面その他国土交通省令で定める書類の記載事項に変更を生じたときは、毎事業年度経過後4月以内に、その旨を書面で国土交通大臣又は都道府県知事に届け出なければならない。

4 　許可に係る建設業者は、第7条第1号イ又はロに該当する者として証明された者が、法人である場合においてはその役員、個人である場合においてはその支配人でなくなった場合若しくは同号ロに該当しなくなった場合又は営業所に置く同条第2号イ、ロ若しくはハに該当する者として証明された者が当該営業所に置かれなくなった場合若しくは同号ハに該当しなくなった場合において、これに代わるべき者があるときは、国土交通省令の定めるところにより、2週間以内に、その者について、第6条第1項第5号に掲げる書面を国土交通大臣又は都道府県知事に提出しなければならない。

5 　許可に係る建設業者は、第7条第1号若しくは第2号に掲げる基準を満たさなくなったとき、又は第8条第1号及び第7号から第11号までのいずれかに該当するに至ったときは、国土交通省令の定めるところにより、2週間以内に、その旨を書面で国土交通大臣又は都道府県知事に届け出なければならない。

「罰則」　本条=50条1号〔6月以下の懲役・100万円以下の罰金〕53条2号

(経営事項審査申請)

第27条の23 公共性のある施設又は工作物に関する建設工事で政令で定めるものを発注者から直接請け負おうとする建設業者は、国土交通省令で定めるところにより、その経営に関する客観的事項について審査を受けなければならない。

[以下省略]

（経営状況分析）

第27条の24　前条第2項第1号に掲げる事項の分析（以下「経営状況分析」という。）については、第27条の31及び第27条の32において準用する第26条の5の規定により国土交通大臣の登録を受けた者（以下「登録経営状況分析機関」という。）が行うものとする。

2　経営状況分析の申請は、国土交通省令で定める事項を記載した申請書を登録経営状況分析機関に提出してしなければならない。

3　前項の申請書には、経営状況分析に必要な事実を証する書類として国土交通省令で定める書類を添付しなければならない。

4　登録経営状況分析機関は、経営状況分析のため必要があると認めるときは、経営状況分析の申請をした建設業者に報告又は資料の提出を求めることができる。

「罰則」　本条＝50条4号〔6月以下の懲役・100万円以下の罰金〕53条2号
　　　　52条4号〔100万円以下の罰金〕53条2号

（経営規模等評価）

第27条の26　第27条の23第2項第2号に掲げる事項の評価（以下「経営規模等評価」という。）については、国土交通大臣又は都道府県知事が行うものとする。

2　経営規模等評価の申請は、国土交通省令で定める事項を記載した申請書を建設業の許可をした国土交通大臣又は都道府県知事に提出してしなければならない。

3　前項の申請書には、経営規模等評価に必要な事実を証する書類として国土交通省令で定める書類を添付しなければならない。

4　国土交通大臣又は都道府県知事は、経営規模等評価のため必要があると認めるときは、経営規模等評価の申請をした建設業者に報告又は資料の提出を求めることができる。

「罰則」　本条＝50条4号〔6月以下の懲役・100万円以下の罰金〕53条2号
　　　　52条4号〔100万円以下の罰金〕53条2号

第53条　法人の代表者又は法人若しくは人の代理人、使用人、その他の従業者が、その法人又は人の業務又は財産に関し、次の各号に掲げる規定の違反行為をしたときは、その行為者を罰するほか、その法人に対して当該各

号に定める罰金刑を、その人に対して各本条の罰金刑を科する。
一　第47条　1億円以下の罰金刑
二　第50条又は前条　各本条の罰金刑
［以下省略］

●風俗営業許可申請手続等に関連する請求書

　「日本行政書士会連合会の定める領収証の基本様式に関する規則」に基づく取扱要領によれば、領収証の「項目」欄には、「事件名、書類作成業務、提出手続代行業務、提出手続代理業務、相談業務、顧問業務、実地調査に基づく図面作成業務、電磁的記録に関する業務、日当等を任意に記入できるものとする」と定めておりますが、請求書の様式については、何らの規定もありません。

　そこで本稿では、筆者が長年にわたり実務上使用してきた風俗営業許可申請手続等に関連する請求書のひな形に加えて、許可申請等の条件とその手続に係る法令を掲載しますので、読者におかれましては、このひな形を参考にして依頼者が納得する適性で妥当な請求書を作成されるよう期待するものです。

　なお、この請求書で筆者が特に意を用いたのは、「業務区分」欄に「協議、調査、申請手続、立会検査」の項目を入れて、その業務をどのように遂行したかを明確にして、依頼者の理解と納得が得られるような体裁にしたことです。

●風俗営業（第2号営業・社交飲食店等）許可申請手続

様式第2号

御　請　求　書

パブ　オリエント　御中

平成23年6月1日　請求
平成23年6月10日　領収

下記のとおりご請求致します。

埼玉県越谷市東越谷7丁目134番地1
行政書士　後藤紘和事務所
電　話　0489（65）5154(代)
ＦＡＸ　0489（65）5158

業務区分	件　　　　名	報　酬　額	証紙代及び印紙代等
協議・調査・申請手続・立会検査	風俗営業許可申請手続（第2号営業）	192,000	27,000
	所在地　越谷市○－○－○　○○ビル6階		
	営業所面積196.14㎡、客室面積99.60㎡		
	社交飲食店営業事前相談、営業所周辺地域の保護施設の有無調査確認、営業所調査測量、警察署提出、警察検査立会含む		
	建物謄本・建物図面・用途証明書各1通	4,000	2,000
	住民票・身分証明書・身分登記証明書各1通	4,000	3,600
	保健所への飲食店営業許可申請手続	30,000	18,000
	小　　　　計	① 230,000	② 50,600
その他の費用	旅費等　③	立替金　⑤	
	送　料　④	消費税　⑥　11,500	
合　計	①＋②＋③＋④＋⑤＋⑥ 金　　　　292,100円	見　積　第11—0601号	

【営業所の所在地・規模等】
●都市計画法上の用途地域：商業地域、個人営業、営業所面積200㎡以内、客室面積100㎡以内、営業所の平面図・求積図・照明設備図・音響設備図作成含む、営業所の周囲の略図はゼンリンの住宅地図を利用、行政書士事務所と同一市区町村区域内の営業所

●風俗営業（第７号営業・マージャン店）許可申請手続

様式第２号

御　請　求　書

麻　雀　大　三　元　御中

　　　　　　　　　　　　　　　　　　　平成23年６月１日　請求
　　　　　　　　　　　　　　　　　　　平成23年６月10日　領収

下記のとおりご請求致します。

　　　　　　　　　　　　埼玉県越谷市東越谷７丁目134番地１
　　　　　　　　　　　　行政書士　後藤紘和事務所
　　　　　　　　　　　　電　話　0489（65）5154(代)
　　　　　　　　　　　　ＦＡＸ　0489（65）5158

業務区分	件　　名	報酬額	証紙代及び印紙代等
協議・調査・申請手続・立会検査	風俗営業許可申請手続（第７号営業）	142,000	27,000
	所在地　越谷市○－○－○　○○ビル５階		
	営業所面積40.21㎡、客室面積30.92㎡		
	マージャン店営業事前相談、営業所周辺地域の保護施設の有無調査確認、営業所調査測量、警察署提出、警察検査立会含む		
	建物謄本・建物図面・用途証明書各１通	4,000	2,000
	住民票・身分証明書・身分登記証明書各１通	4,000	3,600
	保健所への飲食店営業許可申請手続	30,000	18,000
	小　　　計	① 180,000	② 50,600
その他の費用	旅費等　③	その他の費用	立替金　⑤
	送　料　④		消費税　⑥　9,000
合　計	①＋②＋③＋④＋⑤＋⑥ 金　　　　　　239,600円	見　積　第11—0601号	

【営業所の所在地・規模等】
●都市計画法上の用途地域：商業地域、個人営業、営業所面積70㎡以内、客室面積50㎡以内、営業所の平面図・求積図・照明設備図・音響設備図作成含む、営業所の周囲の略図はゼンリンの住宅地図を利用、行政書士事務所と同一市区町村区域内の営業所、飲食店営業兼業

●風俗営業（第8号営業・ゲームセンター等）許可申請手続

様式第2号

御 請 求 書

ゲーム　オリエント　御中

平成23年6月1日　請求
平成23年6月10日　領収

下記のとおりご請求致します。

埼玉県越谷市東越谷7丁目134番地1
行政書士　後藤紘和事務所
電　話　0489（65）5154（代）
ＦＡＸ　0489（65）5158

業務区分	件　　名	報　酬　額	証紙代及び印紙代等
協議・調査・申請手続・立会検査	風俗営業許可申請手続（第8号営業）	242,000	27,000
	所在地　越谷市○－○－○　○○ビル6階		
	営業所面積196.14㎡、客室面積99.60㎡		
	ゲームセンター等営業事前相談、営業所周辺地域の保護施設の有無調査確認、営業所調査測量、警察署提出、警察検査立会含む		
	建物謄本・建物図面・用途証明書各1通	4,000	2,000
	住民票・身分証明書・身分登記証明書各1通	4,000	3,600
	保健所への飲食店営業許可申請手続	30,000	18,000
	小　　　　　　　計	① 280,000	② 50,600
その他の費用	旅費等　③	立替金	⑤
	送料　④	消費税	⑥ 14,000
合　計	①＋②＋③＋④＋⑤＋⑥　金　　344,600円	見　積　第11—0601号	

【営業所の所在地・規模等】
●都市計画法上の用途地域：商業地域、個人営業、営業所面積200㎡以内、客室面積100㎡以内、ゲーム機10機種・50台、営業所の平面図・求積図・照明設備図・音響設備図作成含む、営業所の周囲の略図はゼンリンの住宅地図を利用、行政書士事務所と同一市区町村区域内の営業所、飲食店営業兼業

●風俗営業（第7号営業・パチンコ店等）構造設備変更承認申請手続

様式第2号

御 請 求 書

パークオリエント　御中

　　　　　　　　　　　　　　　平成23年6月1日　請求
　　　　　　　　　　　　　　　平成23年6月10日　領収

下記のとおりご請求致します。

　　　　　　　　　　埼玉県越谷市東越谷7丁目134番地1
　　　　　　　　　　行政書士　後藤紘和事務所
　　　　　　　　　　電　話　0489（65）5154（代）
　　　　　　　　　　ＦＡＸ　0489（65）5158

業務区分	件　　　名	報　酬　額	証紙代及び印紙代等
協議・調査・申請手続・立会検査	構造設備変更承認申請手続（第7号営業）	392,000	11,000
	所在地　越谷市○-○-○　○○ビル1階		
	営業所面積596.14㎡、客室面積496.14㎡		
	パチンコ店等構造変更事前相談、営業所周辺地域の保護施設の有無調査確認、営業所調査測量、警察署提出、警察検査立会含む		
	小　　　　　計	① 392,000	② 11,000
その他の費用	旅費等　③	その他の費用	立替金　⑤
	送料　④		消費税　⑥　19,600
合　計	①+②+③+④+⑤+⑥ 金　　　　　　422,600円	見　積　第11―0601号	

【営業所の所在地・規模等】
● 都市計画法上の用途地域：商業地域、法人営業、営業所面積600㎡以内、客室面積500㎡以内、遊技機28機種・280台、営業所の平面図・求積図・照明設備図・音響設備図は内装業者等が作成した図面を利用、営業所の周囲の略図はゼンリンの住宅地図を利用、行政書士事務所と同一市区町村区域内の営業所

●深夜における酒類提供飲食店営業営業開始届出手続

様式第2号

御　請　求　書

パブ　オリエント　御中

平成23年6月1日　請求
平成23年6月10日　領収

下記のとおりご請求致します。

埼玉県越谷市東越谷7丁目134番地1
行政書士　後藤紘和事務所
電　話　0489（65）5154代
ＦＡＸ　0489（65）5158

業務区分	件　　名	報酬額	証紙代及び印紙代等
協議・調査・申請手続・立会検査	深夜における酒類提供飲食店営業営業開始届出手続	130,000	
	所在地　越谷市○-○-○　○○ビル5階		
	営業所面積46.62㎡、客室面積21.32㎡		
	深夜における酒類提供飲食店営業営業開始届事前相談、営業所調査測量、警察署提出		
	保健所への飲食店営業許可申請手続	30,000	18,000
	小　　　　計	① 160,000	② 18,000
その他の費用	旅費等　③	立替金　⑤	
	送料　④	消費税　⑥	8,000
合　計	①+②+③+④+⑤+⑥ 金　　　　　　186,600円	見　積　第11－0601号	

【営業所の所在地・規模等】
●都市計画法上の用途地域：商業地域、個人営業、営業所面積70㎡以内、客室面積50㎡以内、営業所の平面図・求積図・照明設備図・音響設備図作成含む、行政書士事務所と同一市区町村区域内の営業所

> 根拠法令

風俗営業等の規制及び業務の適正化等に関する法律（抄）
［昭和23年7月10日法律第122号］

最終改正　平成23年6月24日法律第74号

（風俗営業の許可）
第3条　風俗営業を営もうとする者は、風俗営業の種別（前条第1項各号に規定する風俗営業の種別をいう。以下同じ。）に応じて、営業所ごとに、当該営業所の所在地を管轄する都道府県公安委員会（以下「公安委員会」という。）の許可を受けなければならない。

2　公安委員会は、善良の風俗若しくは清浄な風俗環境を害する行為又は少年の健全な育成に障害を及ぼす行為を防止するため必要があると認めるときは、その必要の限度において、前項の許可に条件を付し、及びこれを変更することができる。

〔罰則〕　1項＝49条1号・2号〔2年以下の懲役・200万円以下の罰金〕56条〔後掲〕

（許可の手続及び許可証）
第5条　第3条第1項の許可を受けようとする者は、公安委員会に、次の事項を記載した許可申請書を提出しなければならない。この場合において、当該申請書には、営業の方法を記載した書類その他の内閣府令で定める書類を添付しなければならない。

［中略］

4　許可証の交付を受けた者は、当該許可証を亡失し、又は当該許可証が滅失したときは、速やかにその旨を公安委員会に届け出て、許可証の再交付を受けなければならない。

〔罰則〕　1項＝54条1号〔50万円以下の罰金〕56条

（相続）
第7条　風俗営業者が死亡した場合において、相続人（相続人が2人以上ある場合においてその協議により当該風俗営業を承継すべき相続人を定めたときは、その者。以下同じ。）が被相続人の営んでいた風俗営業を引き続き営もうとするときは、その相続人は、国家公安委員会規則で定めるところにより、被相続人の死亡後60日以内に国家公安委員会に申請して、その承認を受けなければならない。

［中略］

Ⅲ　依頼者が納得する適正で妥当な請求書の作り方

5　第1項の承認の申請をした相続人は、その承認を受けたときは、遅滞なく、被相続人が受けた許可証を公安委員会に提出して、その書替えを受けなければならない。
［以下省略］
「罰則」　1項＝49条2号〔2年以下の懲役・200万円以下の罰金〕56条
　　　　　5項＝55条2号〔30万円以下の罰金〕56条

（法人の合併）
第7条の2　風俗営業者たる法人がその合併により消滅することとなる場合において、あらかじめ合併について国家公安委員会規則で定めるところにより公安委員会の承認を受けたときは、合併後存続し、又は合併により設立した法人は、風俗営業者の地位を承継する。
［中略］
3　前条第5項の規定は、第1項の承認を受けようとした法人について準用する。この場合において、同条第5項中「被相続人」とあるのは、「合併により消滅した法人」と読み替えるものとする。
「罰則」　1項＝49条2号〔2年以下の懲役・200万円以下の罰金〕56条
　　　　　3項において準用する7条5項＝55条2号〔30万円以下の罰金〕56条

（法人の分割）
第7条の3　風俗営業者たる法人が分割により風俗営業を承継させる場合において、あらかじめ当該分割について国家公安委員会規則で定めるところにより公安委員会の承認を受けたときは、分割により当該風俗営業を承継した法人は、当該風俗営業者についての風俗営業者の地位を承継する。
［中略］
3　第7条第5項の規定は、第1項の承認を受けようとした法人について準用する。この場合において、同条第5項中「被相続人」とあるのは、「分割をした法人」と読み替えるものとする。
「罰則」　1項＝49条2号〔2年以下の懲役・200万円以下の罰金〕56条
　　　　　3項において準用する7条5項＝55条2号〔30万円以下の罰金〕56条

（構造及び設備の変更等）
第9条　風俗営業者は、増築、改築その他の行為による営業所の構造又は設備の変更（内閣府令で定める軽微な変更を除く。第5項において同じ。）をしようとするときは、国家公安委員会規則で定めるところによりあらか

じめ公安委員会の承認を受けなければならない。
〔中略〕
3　風俗営業者は、次の各号のいずれかに該当するときは、公安委員会に、内閣府令で定める事項を記載した届出書を提出しなければならない。この場合において当該届出書には、内閣府令で定める書類を添付しなければならない。
　一　第5条第1項各号（第3号及び第4号を除く。）に掲げる事項（同項第2号に掲げる事項にあっては、営業所の名称に限る。）に変更があったとき。
　二　営業所の構造又は設備につき第1項の軽微な変更をしたとき。
〔中略〕
5　第1項の規定は、第10条の2第1項の認定を受けた風俗営業者が営業所の構造又は設備の変更をしようとする場合については、適用しない。この場合において当該風俗営業者は、当該変更をしたときは、公安委員会に、内閣府令で定める事項を記載した届出書を内閣府令で定める添付書類とともに提出しなければならない。
「罰則」　1項＝50条1項1号〔1年以下の懲役・100万円以下の罰金〕56条
　　　　　3項＝55条3号〔30万円以下の罰金〕56条
　　　　　5項後段＝54条2号〔50万円以下の罰金〕56条

（特例風俗営業者の認定）
第10条の2　公安委員会は、次の各号のいずれにも該当する風俗営業者を、その申請により、第6条及び第9条第1項の規定の適用につき特例を設けるべき風俗営業者として、認定することができる。
　〔第1・2・3号省略〕
2　前項の認定を受けようとする者は、公安委員会に、次の事項を記載した認定申請書を提出しなければならない。この場合において、当該認定申請書には、内閣府令で定める書類を添付しなければならない。
　〔第1・2・3号省略〕
〔以下省略〕
「罰則」　1項＝50条1項3号〔1年以下の懲役・100万円以下の罰金〕56条
　　　　　2項＝54条3号〔50万円以下の罰金〕56条

（深夜における酒類提供飲食店営業の届出等）
第33条　酒類提供飲食店営業を深夜において営もうとする者は、営業所ごと

に、当該営業所の所在地を管轄する公安委員会に、次の事項を記載した届出書を提出しなければならない。
［第1・2・3号省略］
2　前項の届出書を提出した者は、当該営業を廃止したとき、又は同項各号（同項第2号に掲げる事項にあっては、営業所の名称に限る。）に掲げる事項に変更（内閣府令で定める軽微な変更を除く。）があったときは、公安委員会に、廃止又は変更に係る事項その他の内閣府令で定める事項を記載した届出書を提出しなければならない。
3　前2項の届出書には、営業の方法を記載した書類その他の内閣府令で定める書類を添付しなければならない。
4　都道府県は、善良の風俗若しくは清浄な風俗環境を害する行為又は少年の健全な育成に障害を及ぼす行為を防止するため必要があるときは、政令で定める基準に従い条例で定めるところにより、地域を定めて、深夜において酒類提供飲食店営業を営むことを禁止することができる。
［以下省略］
「罰則」　1項・3項＝54条6号〔50万円以下の罰金〕56条
　　　　　2項・3項＝55条3号〔30万円以下の罰金〕56条
　　　　　4項に基づく条例＝50条1項10号〔1年以下の懲役・100万円以下の罰金〕56条

（罰則）
第56条　法人の代表者、法人又は人の代理人、使用人その他の従業者が、法人又は人の営業に関し、第49条、第50条第1項又は第52条から前条までの違反行為をしたときは行為者を罰するほか、その法人又は人に対し、各本条の罰金刑を科する。

（ 根拠法令 ）

食品衛生法（抄）［昭和22年12月24日法律第233号］

最終改正　平成21年6月5日法律第49号

（営業の許可）
第52条　前条に規定する営業を営もうとする者は、厚生労働省令で定めるところにより、都道府県知事の許可を受けなければならない。
［以下省略］
「罰則」　1項＝72条1項〔2年以下の懲役・200万円以下の罰金〕

Ⅳ 戸籍謄本・住民票の写し等職務上請求の諸問題

　私達行政書士は、建設業、産業廃棄物処理業、自動車運送事業、さらには風俗営業等の各種営業許認可申請手続の依頼を受けて、その業務を進めていく段階で、日常的に「国又は地方公共団体の機関に提出する必要がある」ことを理由に、日本行政書士会連合会統一用紙の職務上請求書により、各市区町村長に対して申請者等の住民票の写し等の交付請求を行っている。

　そしてさらに、遺産相続手続又は各種催告書や内容証明書等の作成を依頼されたときには、「自己の権利を行使し、又は自己の義務を履行するために必要がある」ことを理由に、関係者の住民票はもとより、場合によっては戸籍謄本や戸籍の附票等の請求に迫られることがある。

　このように、行政書士は司法書士等の他の法律関連職に比べて圧倒的にその業務範囲が広いため、住民票の写し、戸籍謄本及び戸籍の附票を求める頻度もまた法律関連職の中で最も多いと思われる。

　そこで、日頃何気なく取り扱っている職務上請求書の法的な意味とその根拠、さらには、各市区町村長サイドにおける、行政書士と他の法律関連職との当該事務の取扱いの違いについて、戸籍法と住民基本台帳法でさぐり、執務の合間を見て一度くらい学ぶことも無駄ではないと思い、ここにその関係条文を掲載するものである。

【主要参考文献】
1　日本加除出版編集部編『平成23年度住民基本台帳六法』平成23日本加除出版
2　高妻新・荒木文明著『全訂相続における戸籍の見方と登記手続』平成17日本加除出版

> 戸籍謄本・住民票の写し等
> 職務上請求の諸問題
> （その１）

【凡例】　~~アンダーライン~~部分は、行政書士を含む法律関連職の請求に係る記載事項を示す。

　　　　__アンダーライン__部分は、行政書士を除く他の法律関連職の特定の請求に係る記載事項を示す。

　　　　※本稿の法律内容基準日は、2011（平成23）年8月30日現在のものである。

1 ●戸籍法（抄）[昭和22年12月22日法律第224号]

最終改正　平成23年6月3日法律第61号

（戸籍謄本等の交付請求）

第10条　［省略］

（第三者による戸籍謄本等の交付請求）

第10条の2　①　前条第1項に規定する者以外の者は、次の各号に掲げる場合に限り、戸籍謄本等の交付の請求をすることができる。この場合において、当該請求をする者は、それぞれ当該各号に定める事項を明らかにしてこれをしなければならない。

　一　自己の権利を行使し、又は自己の義務を履行するために戸籍の記載事項を確認する必要がある場合　権利又は義務の発生原因及び内容並びに当該権利を行使し、又は当該義務を履行するために戸籍の記載事項の確認を必要とする理由

　二　国又は地方公共団体の機関に提出する必要がある場合　戸籍謄本等を提出すべき国又は地方公共団体の機関及び当該機関への提出を必要とする理由

　三　前2号に掲げる場合のほか、戸籍の記載事項を利用する正当な理由がある場合　戸籍の記載事項の利用の目的及び方法並びにその利用を必要とする理由

② 前項の規定にかかわらず、国又は地方公共団体の機関は、法令の定める事務を遂行するために必要がある場合には、戸籍謄本等の交付の請求をすることができる。この場合において、当該請求の任に当たる権限を有する職員は、その官職、当該事務の種類及び根拠となる法令の条項並びに戸籍の記載事項の利用の目的を明らかにしてこれをしなければならない。

③ 第1項の規定にかかわらず、弁護士（弁護士法人を含む。次項において同じ。）、司法書士（司法書士法人を含む。次項において同じ。）、土地家屋調査士（土地家屋調査士法人を含む。次項において同じ。）、税理士（税理士法人を含む。次項において同じ。）、社会保険労務士（社会保険労務士法人を含む。次項において同じ。）、弁理士（特許業務法人を含む。次項において同じ。）、海事代理士又は行政書士（行政書士法人を含む。）は、受任している事件又は事務に関する業務を遂行するために必要がある場合には、戸籍謄本等の交付を請求することができる。この場合において、当該請求をする者は、その有する資格、当該業務の種類、当該事件又は事務の依頼者の氏名又は名称及び当該依頼者についての第1項各号に定める事項を明らかにしなければならない。

④ 第1項及び前項の規定にかかわらず、弁護士、司法書士、土地家屋調査士、税理士、社会保険労務士又は弁理士は、受任している事件について次に掲げる業務を遂行するために必要がある場合には、戸籍謄本等の交付の請求をすることができる。この場合において、当該請求をする者は、その有する資格、当該事件の種類、その業務として代理し又は代理しようとする手続及び戸籍の記載事項の利用の目的を明らかにしてこれをしなければならない。

一　弁護士にあっては、裁判手続又は裁判外における民事上若しくは行政上の紛争処理の手続についての代理業務（弁護士法人については弁護士法［中略］第30条の6第1項各号に規定する代理業務を除く。）

二　司法書士にあっては、司法書士法［中略］第3条第1項第三号及び第六号から第八号までに規定する代理業務（同項第七号及び第八号に規定する相談業務並びに司法書士法人については同項第六号に規定する代理業務を除く。）

三　土地家屋調査士にあっては、土地家屋調査士法［中略］第3条第1項第二号に規定する審査請求の手続についての代理業務並びに同項第四号及び第七号に規定する代理業務

四　税理士にあっては、税理士法［中略］第2条第1項第一号に規定する

不服申立て及びこれに関する主張又は陳述についての代理業務
五　社会保険労務士にあっては、社会保険労務士法［中略］第2条第1項第一号の3に規定する審査請求、異議申立て及び再審査請求並びにこれらに係る行政機関等に対してする主張又は陳述についての代理業務並びに同項第一号の4から第一号の6までに規定する代理業務（同条第3項第一号に規定する相談業務を除く。）
六　弁理士にあっては、弁理士法［中略］第4条第1項に規定する特許庁における手続（不服申立てに限る。）、異議申立て及び裁定に関する経済産業大臣に対する手続（裁定の取消しに限る。）についての代理業務、同条第2項第一号に規定する税関長又は財務大臣に対する手続（不服申立てに限る。）についての代理業務、同項第二号に規定する代理業務、同法第6条に規定する訴訟の手続についての代理業務並びに同法第6条の2第1項に規定する特定侵害訴訟の手続についての代理業務（特許業務法人については同法第6条に規定する訴訟の手続についての代理業務及び同法第6条の2第1項に規定する特定侵害訴訟の手続についての代理業務を除く。）

［第5項から第6項まで省略］

（除かれた戸籍の謄本等の交付請求）
第12条の2　第10条から第10条の4までの規定は、除かれた戸籍の謄本若しくは抄本又は除かれた戸籍に記載した事項に関する証明書（以下「除籍謄本等」という。）の交付の請求をする場合に準用する。

2 ●住民基本台帳法（抄）［昭和42年7月25日法律第81号］

最終改正　平成23年8月30日法律第107号

（本人等の請求による住民票の写し等の交付）
第12条　［省略］

（国又は地方公共団体の機関の請求による住民票の写し等の交付）
第12条の2　　［省略］

（本人等以外の者の申出による住民票の写し等の交付）
第12条の3①　市町村長は、前2条の規定によるもののほか、当該市町村が備える住民基本台帳について、次に掲げる者から、住民票の写しで基礎証

明事項（第7条第一号から第三号まで［氏名、出生の年月日、男女の別］及び第六号から第八号まで［住民となった年月日、住所及び一の市町村の区域内において新たに住所を変更した者については、その住所を定めた年月日、新たに市町村の区域内に住所を定めた者については、その住所を定めた旨の届出の年月日（職権で住民票の記載をした者については、その年月日）及び従前の住所］に掲げる事項をいう。以下この項及び第7項において同じ。）のみが表示されたもの又は住民票記載事項証明書で基礎証明事項に関する者が必要である旨の申出があり、かつ、当該申出を相当と認めるときは、当該申出をする者に当該住民票の写し又は住民票記載事項証明書を交付することができる。
　一　自己の権利を行使し、又は自己の義務を履行するために住民票の記載事項を確認する必要がある者
　二　国又は地方公共団体の機関に提出する必要がある者
　三　前2号に掲げる者のほか、住民票の記載事項を利用する正当な理由がある者
② 市町村長は、前2条及び前項の規定によるもののほか、当該市町村が備える住民基本台帳について、特定事務受任者から、受任している事件又は事務の依頼者が同項各号に掲げる者に該当することを理由として、同項に規定する住民票の写し又は住民票記載事項証明書が必要である旨の申出があり、かつ、当該申出を相当と認めるときは、当該特定事務受任者に当該住民票の写し又は住民票記載事項証明書を交付することができる。
③ 前項に規定する「特定事務受任者」とは、弁護士（弁護士法人を含む。）、司法書士（司法書士法人を含む。）、土地家屋調査士（土地家屋調査士法人を含む。）、税理士（税理士法人を含む。）、社会保険労務士（社会保険労務士法人を含む。）、弁理士（特許業務法人を含む。）、海事代理士又は行政書士（行政書士法人を含む。）をいう。
④ 第1項又は第2項の申出は、総務省令で定めるところにより、次に掲げる事項を明らかにしなければならない。
　一　申出者（第1項又は第2項の申出をする者をいう。以下この条において同じ。）の氏名及び住所（申出者が法人の場合にあっては、その名称、代表者又は管理人の氏名及び主たる事務所の所在地）
　二　現に申出の任に当たっている者が、申出者の代理人であるときその他申出者と異なる者であるときは、当該申出の任に当たっている者の氏名及び住所

三　当該申出の対象とする者の氏名及び住所
四　第1項に規定する住民票の写し又は住民票記載事項証明書の利用の目的
五　第2項の申出にあっては、前項に規定する特定事務受任者の受任している事件又は事務についての資格及び業務の種類並びに依頼者の氏名又は名称（当該受任している事件又は事務についての業務が裁判手続又は裁判外手続における民事上若しくは行政上の紛争処理の手続についての代理業務その他の政令で定める業務であるときは、当該事件又は事務についての資格及び業務の種類）
六　前各号に掲げるもののほか、総務省令で定める事項
［第5項から第8項まで省略］
⑨　第1項又は第2項の申出をしようとする者は、郵便その他の総務省令で定める方法により、第1項に規定する住民票の写し又は住民票記載事項証明書の送付を求めることができる。

（戸籍の附票の作成）
第16条①　市町村長は、その市町村の区域内に本籍を有する者につき、その戸籍を単位として、戸籍の附票を作成しなければならない。
②　［省略］

（戸籍の附票の記載事項）
第17条　戸籍の附票には、次に掲げる事項について記載（前条第2項の規定により磁気ディスクをもって調製する戸籍の附票にあっては、記録。以下同じ。）をする。
一　戸籍の表示
二　氏名
三　住所
四　住所を定めた年月日

（戸籍の附票の写しの交付）
第20条　［第1項から第2項まで省略］
③　市町村長は、前2項の規定によるもののほか、当該市町村が備える戸籍の附票について、次に掲げる者から、戸籍の附票が必要である旨の申出があり、かつ、当該申出を相当と認めるときは、当該申出をする者に当該戸籍の附票の写しを交付することができる。

一　自己の権利を行使し、又は自己の義務を履行するために戸籍の附票の記載事項を確認する必要がある者
　二　国又は地方公共団体の機関に提出する必要がある者
　三　前2号に掲げる者のほか、戸籍の附票の記載事項を利用する正当な理由がある者
④　市町村長は、前3項の規定によるもののほか、当該市町村が備える戸籍の附票について、第12条の3第3項に規定する特定事務受任者から、受任している事件又は事務の依頼者が前項各号に掲げる者に該当することを理由として、戸籍の附票の写しが必要である旨の申出があり、かつ、当該申出を相当と認めるときは、当該特定事務受任者に当該戸籍の附票の写しを交付することができる。
⑤　第12条［本人等の請求による住民票の写しの交付］第2項から第4項まで、第6項及び第7項の規定は第1項の請求について、第12条の2第2項、第3項及び第5項の規定は第2項の請求について、第12条の3［本人等以外の者の申出による住民票の写し等の交付］第4項から第6項まで及び第9項の規定は前2項の申出について、それぞれ準用する。この場合において、これらの規定中「総務省令」とあるのは「総務省令・法務省令」と、第12条第7項及び第12条の2第5項中「同項に規定する住民票の写し又は住民票記載事項証明書」とあり、並びに第12条の3第4項第四号及び第9項中「第1項に規定する住民票の写し又は住民票記載事項証明書」とあるのは「第20条第1項に規定する戸籍の附票の写し」と読み替えるものとする。

3 ●住民基本台帳法施行令（抄）［昭和42年9月11日政令第292号］

　　　　　　　　　　　　　最終改正　平成23年3月31日政令第92号

（法第12条の3第4項第5号に規定する政令で定める業務）
第15条の2　法第12条の3第4項第五号に規定する政令で定める業務は、次に掲げる業務とする。
　一　弁護士（弁護士法人を含む。）にあっては、裁判手続又は裁判外における民事上若しくは行政上の紛争処理の手続についての代理業務（弁護士法人については、弁護士法［中略］第30条の6第1項各号に規定する代理業務を除く。）
　二　司法書士（司法書士法人を含む。）にあっては、司法書士法［中略］

第3条第1項第三号及び第六号から第八号までに規定する代理業務（同項第七号及び第八号に規定する相談業務並びに司法書士法人については同項第六号に規定する代理業務を除く。）

三　土地家屋調査士（土地家屋調査士法人を含む。）にあっては、土地家屋調査士法［中略］第3条第1項第二号に規定する審査請求の手続についての代理業務並びに同項第四号及び第七号に規定する代理業務

四　税理士（税理士法人を含む。）にあっては、税理士法［中略］第2条第1項第一号に規定する不服申立て及びこれに関する主張又は陳述についての代理業務

五　社会保険労務士（社会保険労務士法人を含む。）にあっては、社会保険労務士法［中略］第2条第1項第一号の3に規定する審査請求、異議申立て及び再審査請求並びにこれらに係る行政機関等の調査又は処分に関し当該行政機関等に対してする主張又は陳述についての代理業務並びに同項第一号の4から第一号の6までに規定する代理業務（同条第3項第一号に規定する相談業務を除く。）

六　弁理士（特許業務法人を含む。）にあっては、弁理士法［中略］第4条第1項に規定する特許庁における手続（不服申立てに限る。）、異議申立て及び裁定に関する経済産業大臣に対する手続（裁定の取消しに限る。）についての代理業務、同条第2項第一号に規定する税関長又は財務大臣に対する手続（不服申立てに限る。）についての代理業務、同項第二号に規定する代理業務、同法第6条に規定する訴訟の手続についての代理業務並びに同法第6条の2第1項に規定する特定侵害訴訟の手続についての代理業務（特許業務法人については同法第6条に規定する訴訟の手続についての代理業務及び同法第6条の2第1項に規定する特定侵害訴訟の手続についての代理業務を除く。）

※筆者注：以下は、**住民基本台帳法第12条の3第4項第五号括弧書き及び同法施行令第15条の2［行政書士を除く他の法律関連職の特定の業務に係る請求］**に関する所管庁の注釈である。

　「当該受任している事件又は事務についての業務が、各本条に掲げるものである場合には、当該事件又は事務についての資格及び業務の種類を明らかにすれば足りる。

　これらは、受任事件又は事務に紛争処理手続としての性格が認められるものであり、依頼者の権利行使等の意思は明確であり、関係する

第三者に係る住民票の記載事項を利用して対外的に証明する必要性が類型的に存在する。

　申出に際して、依頼者の氏名や名称を明らかにすれば、特定事務受任者の業務遂行に支障が生じたり、依頼者に係る保護すべき情報の存在が類推されてしまうなどのおそれがあるため、Bに掲げる依頼者の氏名又は名称を明らかにすることを不要としたものである。」

【出典】
「住民基本台帳事務処理要領について」昭和42年10月4日法務省民事甲第2671号第2住民基本台帳4住民票の写し等の交付(4)本人等以外の者（特定事務受任者）の申出による住民票の写し等の交付

```
戸籍謄本・住民票の写し等
職務上請求の諸問題
（その2）
```

［戸籍謄抄本、住民票及び戸籍の附票等の交付申請の基礎知識］

　前稿に引き続き本稿では、行政書士を含む法律関連職が戸籍謄抄本及び住民票等を職務上請求するに当たり、請求先の当該市区町村長との間でトラブルを引き起こさないためにも当然知っておくべき戸籍法と住民基本台帳法の先例等を掲載して、この業務についての会員の参考に供したい。なお、本稿に関連して、「行政書士埼玉No.110」に掲載された総務部コンプライアンス担当　関　健一氏の論稿「事前登録型の本人通知制度の実施と職務上請求書の使用及び取扱いについて」を比較参照していただければ幸いである。

1 ●戸籍法第10条の2第3項に定める各資格者の戸籍謄本等の交付の請求に関連する先例

　戸籍法第10条の2第3項に定める各資格者の戸籍謄本等の交付の請求に関連する注釈については、次の先例を参照されたい。

■戸籍法及び戸籍法施行規則の一部改正に伴う戸籍事務の取扱いについて
　（抜粋）［平成20年4月7日民一第1000号民事局長通達］

第1　戸籍謄本等の交付の請求
  1　法第10条の2第1項の請求（本人等請求）
    「不当な目的」に該当する場合とは、嫡出子でない子であることや離婚歴等他人に知られたくないと思われる事項をみだりに探索し又はこれを公表するなどプライバシーの侵害につながるもの、その他戸籍の公開制度の趣旨を逸脱して戸籍謄本等を不当に利用する場合をいう。
  2　法第10条の2第1項の請求（第三者請求）
    本人等以外の者は(1)の場合に限り、(2)の事項を明らかにして戸籍等の交付の請求（以下「第三者請求」という。）をすることができることとされた。
    (1)ウの「その他戸籍の記載事項を利用する正当な理由がある場合」とは、(1)ア又は(1)イに準ずる場合である。なお、婚姻をしようとする相手方の婚姻要件等又は財産的取引をしようとする相手方の行為能力等を確認するため、当該相手方の戸籍の記載事項を利用することについては、(1)ウの要件には該当しないものとする。
    ［(1)、(2)は省略］
  3　法第10条の2第2項の請求（公用請求）
    ［(1)、(2)は省略］
  4　法第10条の2第3項から第5項までの請求
    （弁護士等請求）
   (1)　法第10条の2第3項の請求
      ［前段省略］
      アの「受任している事件又は事務に関する業務を遂行するために必要がある場合」とは、弁護士等が特定の依頼者からその資格に基づいて処理すべき事件又は事務の委任を受けて、当該事件又は事務に関する業務を遂行するために必要がある場合をいう。
      ［後段省略］
    ［(2)、(3)は省略］
  5　法第10条の3第1項（現に請求の任に当たっている者を特定するための方法等）
    ［(1)、(2)は省略］
   (3)　確認手続の記録等
      ア　市区町村長は現に請求の任に当たっている者を特定するために必

要な事項の確認手続が適正に行われたことを交付請求書の欄外の適宜の個所に明記し、記録しておくものとする。
　　イ　確認書類の写し等の資料については、交付請求書とともに保管するものとする。
　　ウ　保存期間は、当該年度の翌年から３年とするものとする。
　６　法第10条の３第２項（権限確認書面［規則第11条の４］）
　　［(1)から(5)は省略］
　７　法第10条の４の説明要求
第２　除籍謄本等の交付の請求（規則第11条の５）
第３　受理又は不受理の証明書、届書等の閲覧又は記載事項証明書の交付の請求（規則第52条の２）
第４　不交付決定及び審査請求
第５　届出の際の確認及び通知の手続
第６　不受理申出（法第27条の２第３項から第５項まで）
第７　死亡の届出（法第87条第２項）
第８　学術研究等の目的のための戸籍情報の提供（法第126条）

●貸金債権者からの債務者の戸籍又は除籍謄抄本等の交付請求の可否について（抜粋）

（平成14年６月３日民一第1328号
民事局民事第一課長通知）

記

　従来、債務者が謄抄本の交付請求に係る戸籍又は除かれた戸籍から他の戸籍に入籍するなどして除かれている場合（婚姻、養子縁組又は管外転籍等）には、当該戸籍又は除かれた戸籍のみによっては請求事由の当不当を判断することはできないとして、一律に交付を拒否し、あるいは入籍先の本籍のみを公開して判断を先送りするといった取扱いがされていたところ、今後、これについては、交付請求を受けた市区町村長において、債務者の入籍先の戸籍等につき適宜の方法により調査を行った上で、その結果に基づき、請求事由の当不当につき判断することとして運用を統一するのが相当と考えられる。

（別紙２　平成14年５月20日付け法務省民一第1227号名古屋法務局民事行政部長あて　法務省民事局民事第一課長回答）

貸金債権者からの債務者の戸籍又は
除籍謄抄本等の交付請求の可否について(回答)
記
1　戸籍謄抄本の交付請求に係る戸籍又は除かれた戸籍では交付請求事由の可否が判断できない場合は、交付請求を受けた市区町村長が、それを判断できる戸籍又は除かれた戸籍を保管している市区町村長に問い合わせをするなど適宜の方法により調査の上、可否の判断をして処理をするのが相当と考えます。
2　照会文書別紙1にある「債務者の生死を確認し、死亡の場合は債権を放棄し損金として税務控除の申請をし、転籍にあっては前記に準じた処理をする」との請求事由については、いずれも正当な請求事由であるとは認められません。
3　照会文書別紙2にある「債務者の生死を確認し、死亡の場合は団体生命保険を適用し債務を消滅させ、生存の場合は保険適用まで請求行為の放棄をする」との請求事由については、上記1により、債務者の死亡が確認された場合には交付して差し支えないものと考えますが、生存している場合には正当な請求事由であるとは認められません。
4　照会文書別紙3にある「現在の氏の確認と特別送達の呼び出し状の正確を期するため」との請求事由については、いずれも正当な請求事由であるとは認められません。

2 ●住民基本台帳事務処理要領について（抜粋）[昭和42年10月4日・法務省民事甲第2671号・保発第39号・庁保発第22号・42食米糧業第2668号（需給）・自治振第150号]

　　　　　　　　　　　　　最終改正　平成22年11月26日総行住第81号

第2　住民基本台帳
4　住民票の写し等の交付
　(3)　本人等以外の者の申出による住民票の写し等の交付（(4)の場合を除く。）
　　①　窓口における申出の場合
　　　ア　申出の受理
　　　(ｱ)　次に掲げる事項を申出書において明らかにさせる（法第12条の3第4項）。
　　　　　[A　申出者の氏名及び住所、B　現に申出の任に当たっている者の

氏名及び住所、C　申出対象者の氏名及び住所の事項の要領は省略〕
　D　利用の目的
　　利用の目的は、法第12条の３第１項各号に掲げる場合に該当するかどうかを判断するために明らかにさせる。したがって、例えば「**債権回収保全のため**」といった**抽象的な記載だけでは具体性があるとはい**え、住民票のどの部分をどのような目的に利用するかが明らかとなる程度の記載があることを要する。

　　具体的には、自己の権利を行使し、又は自己の義務を履行するために住民票の記載事項を確認する必要がある場合は、権利又は義務の発生原因及び内容並びに権利の行使又は義務の履行のために住民票の記載事項の確認を必要とする理由、国又は地方公共団体の機関に提出する必要がある場合は、提出すべき国又は地方公共団体の機関及び提出を必要とする理由、住民票の記載事項を利用する正当な理由がある場合は、住民票の記載事項の利用目的及び方法並びにその利用を必要とする理由を明らかにさせることが考えられる。

　　また、必要に応じて、疎明資料を提示又は提出させることにより、事実確認を行うことが適当である（住民票省令第10条第１項後段）。

　　なお、法第12条の３第１項各号に該当する正当な理由が認められるものの例としては、
・債権者（金融機関、不動産賃貸事業者等）が債権の回収のために債務者本人の住民票の写しを取得する場合
・債務者（生命保険会社、企業年金等）が債務の履行（満期となった生命保険金、年金等の支払い）のために債権者本人（被保険者、年金受給者等）の住民票の写しを取得する場合
・相続手続や訴訟手続等に当たって法令に基づく必要書類として関係人の住民票の写しを取得する場合
〔中略〕
・弁護士等が法令に基づく職務上の必要から、特定事務受任者としてではなく、自らの権限として関係人の住民票の写しを取得する場合などが挙げられる。
　　このうち、弁護士が正当な理由を有する場合の具体的例としては、以下のような業務が挙げられる〔以下のよう略〕
(イ)～(エ)〔略〕
イ～ウ〔略〕

②〜③〔略〕
(4) 本人等以外の者(特定事務受任者)の申出による住民票の写し等の交付
 ① 窓口における申出の場合
 ア 申出の受理
 (ｱ) (3)－①－ア－(ｱ)－AからDまでに掲げる事項のほか、
  A 特定事務受任者の受任している事件又は事務についての資格及び業務の種類
  B 依頼者の氏名又は名称を申出書において明らかにさせる(法第12条の3第4項及び令第15条の2)。
  この場合、申出が正当なものかどうかを判断するため、受任している事件又は事務の依頼者に係る利用目的を明らかにさせる必要がある。〔以下略〕

※筆者注：具体的な利用目的は、前記(3)－①－ア－(ｱ)－Dに掲げる内容と同一であるのでそちらを参照されたい。

3 ●住民基本台帳法令関係実例〔住民票の写し等の交付〕(抜粋)
―自治省または総務省先例―

債権者からの住民票の写しの交付請求

Q 債権者からの債務者に係る住民票の写しの交付請求に際しては、原則として契約書の写しの添付又は提示を求める取扱いとして差し支えないか。

A 差し支えない。　　　　　　〔平元・11・22　山口県地方課あて電話回答〕

債務者の相続人の確認のための戸籍の表示

Q 債務者死亡による法定相続人の確認を行うためとして、債権者から、戸籍の表示を記載した債務者に係る削除された住民票の写しの交付請求があった。応じることとして差し支えないか。

A 債権債務者関係の存在及び債務者の死亡を確認した上、応ずることとするのが適当である。　　　〔平2・6・4　宮城県地方課あて電話回答〕

債権者から債権取立の委任を受けた者からの請求

Q 債権者から債権取立の委任を受けた者から、債務者に係る住民票の写しの交付請求があった。応じることとしてよいか。

A 委任の事実を明らかにする書類と、債権者・債務者間の債権債務関係についての契約書の写しの添付を求めた上で、請求に応ずることとするのが適当である。　　　　　　　　［平2・9・18　神奈川県市町村課あて電話回答］

債務者の連帯保証人に係る住民票の写しの交付請求

Q 債権者から、債務者である世帯主の連帯保証人となっている世帯員に係る住民票の写しの交付請求（特別の請求ではない。）がありました。応じても差し支えありませんか。

A 差し支えありません。　　　　　　　　　　　　　　　［平4　電話回答］

債権者からの戸籍の表示入りの削除された住民票の写しの交付請求

Q ある者の削除された住民票の転出地の住所欄が空欄ですが、この場合、債権者からこの者の居住地を確認するためという事由により、戸籍の表示入りの削除された住民票の写しの交付請求があったときには請求に応じても差し支えありませんか。

A このような請求については、本籍地を知るに足りる特別な請求とは認め難く、原則として応じることは適当ではありません。　　　［平4　電話回答］

自動車販売会社が顧客の住民票の写しを請求する場合の委任状

自動車販売会社が顧客の自動車の新規登録・変更登録等の手続のため、運輸局に対し顧客の住民票の写しを提出する必要がある場合に、やむを得ない理由により提示又は提出できない場合は、委任状の提出が基本となるが、販売に係る契約書の写し等で委任関係が確認できれば、交付して差し支えない。　　　　　　　　　　　　　　　［平20・4・28　総行市第102号問8（要旨）］

施設等に入所している請求者からの請求

委任状に自署できず、かつ、電話での対応も困難な請求者については、代理権限を有する旨の心証形成が得られれば問題はない。現に請求の任に当たっている施設職員の本人確認書類と施設職員である旨を明らかにする職員証を合わせて提示すること、また、必要に応じ、親族等に対し、施設入所、意思表示能力等について確認することも考えられる。

[平20・4・28　総行市第102号問9（要旨）]

住民票省令第10条第1項に規定する「（法第12条の3）第4項第4号の事項を証する書類」

具体的な事案如何により様々であるが、契約書や法令による添付書類等を示す文書の写しがあてはまる。　　[平20・4・28　総行市第102号問15（要旨）]

住民票省令第10条第1項に規定する「（法第12条の3）第4項第4号の事項を証する書類」としての住民票の写し等の交付

当事者間の契約書の写しではなく、一方当事者の側で作成した誓約書（債務者名・債務金額等を表示）、債権残高明細表、伝票等は申出者側に申出の対象者であるものに対する債権（請求権）があり、権利行使のため（正当な理由があるため）住民票の写し等が必要であることが合理的に推測できるのであれば、疎明資料として足りるものであり、交付して差し支えない。

[平20・4・28　総行市第102号問16（要旨）]

[戸籍の附票]（抜粋）
―自治省または総務省先例―

戸籍の附票の写しの交付の取扱い

戸籍の附票の写しの交付の請求については、原則として住民票の写しの交付の請求があった場合に準じて取り扱うことが適当である。

[昭61・2・4　自治振第12号通知問24（要旨）]

戸籍の附票の写しの請求又は申出

　法第20条第5項の規定において準用する法第12条の2第2項第3号及び第12条の3第4項第3号によれば、戸籍の附票の写しの請求又は申出対象者の戸籍の表示を明らかにすれば足りる。

〔平20・4・28　総行市第102号問21（要旨）〕

【出典】
日本加除出版編集部編『平成23年度住民基本台帳六法』日本加除出版206〜210頁、610〜622頁

4 特定事務受任者若しくはその補助者が本人であることを明らかにする方法

●**戸籍法施行規則**（抜粋）〔昭和22年12月29日司法省令第94号〕

最終改正　平成22年11月30日法務省令第40号

（本人確認等の方法）
第11条の2　戸籍法第10条の3第1項の法務省令で定める方法は、次の各号に掲げる方法とする。

　〔第一号から第三号まで省略〕

　四　戸籍法第10条の2第3項から第5項までの請求をする場合には、第一号に掲げる書類又は弁護士、司法書士、土地家屋調査士、税理士、社会保険労務士、弁理士、海事代理士若しくは行政書士（以下、「弁護士等」という。）若しくは**弁護士等の事務を補助する者であることを証する書類で写真をはり付けたもの**を提示し、弁護士等の所属する会が発行した戸籍謄本等の交付を請求する書面（以下「統一請求書」という。）に当該弁護士等の職印が押されたものによって請求する方法

　五　戸籍法第10条第3項（同法第10条の2第6項において準用する場合を含む。）の規定に基づき戸籍謄本等の送付の請求をする場合には、次に掲げる方法

　　〔イ、ロ省略〕

　　ハ　戸籍法第10条の2第3項から第5項までの請求をする場合には、第一号に掲げる書類又は**弁護士等であることを証する書類の写し**及び統一請求書に弁護士等の職印が押されたものを送付し、当該弁護士等の

事務所の所在地を戸籍謄本等を送付すべき場所に指定する方法。ただし、弁護士等の所属する会が会員の氏名及び事務所の所在地を容易に確認することができる方法により公表しているときは、第一号に掲げる書類及び弁護士等であることを証する書類の写しの送付は、要しない。

（本人確認等に必要な事項）
第11条の3　戸籍法第10条の3第1項の法務省令で定める事項は、氏名及び住所又は生年月日とする。ただし、次の各号の請求をする場合には、それぞれ当該各号に定める事項とする。
　　［第一号省略］
　二　戸籍法第10条の2第3項から第5項までの請求　**氏名及び住所、生年月日又は請求者の事務所の所在地**

（除籍謄本等の交付請求についての準用規定）
第11条の6　戸籍法第12条の2において**除籍謄本等の交付の請求について準用する同法第10条の3第1項に規定する法務省令で定める方法及び事項については第11条の2及び第11条の3の規定を**、同法第12条の2において除籍謄本等の交付の請求について準用する同法第10条の3第2項に規定する法務省令で定める方法については第11条の4の規定を、除籍謄本等の交付の請求の際に提出した書面の原本の還付については前条の規定を準用する。

●住民基本台帳の一部の写しの閲覧及び住民票の写し等の交付に関する省令（抜粋）
　　［昭和60年12月13日自治省令第28号］

　　　　　　　　　　　　　最終改正　平成20年3月28日総務省令第38号

（本人等以外の者の住民票の写し等の交付の申出につき申出の任に当たっている者が本人であることを明らかにする方法）
第11条　法第12条の3第5項に規定する総務省令で定める方法は、次のいずれかの方法とする。
　　［第一号、第三号省略］
　二　法第12条の3第2項の規定による住民票の写し等の交付の申出をする場合にあっては、前号イの書類又は同条第3項に規定する特定事務受任者若しくは**特定事務受任者の事務を補助する者であることを証する書類**

（**本人の写真が貼付されたものに限る。以下同じ。**）を提示し、特定事務受任者の所属する会が発行した住民票の写し等の交付を申し出る書類に当該特定事務受任者の職印が押されたものによって申し出る方法その他の市町村長がこれらに準ずるものとして適当と認める方法
四　法第12条の３第２項の規定による住民票の写し等の交付の申出をする場合において、同条第９項の規定に基づき住民票の写し等の送付を求めるときは、第一号イの書類の写し又は**特定事務受任者であることを証する書類の写し**及び特定事務受任者の所属する会が発行した住民票の写し等の交付を申し出る書類に当該特定事務受任者の職印が押されたものを送付し、当該特定事務受任者の事務所の所在地を住民票の写し等を送付すべき場所に指定する方法。ただし、特定事務受任者の所属する会が会員の氏名及び事務所の所在地を容易に確認することができる方法により公表しているときは、同号イの書類の写し又は特定事務受任者であることを証する書類の写しの送付は要しない。

●戸籍の附票の写しの交付に関する省令（抜粋）

［昭和60年12月13日法務省・自治省令第１号］

最終改正　平成20年３月28日総務・法務省令第１号

（本人等以外の者の交付の申出につき申出の任に当たっている者が本人であることを明らかにする方法）

第８条　法第20条第５項において読み替えて準用する法第12条の３第５項に規定する総務省令・法務省令で定める方法は、次のいずれかの方法とする。

　　［第一号・第三号省略］

二　法第20条第４項の規定による戸籍の附票の写しの交付の申出をする場合にあっては、前号イの書類又は法第12条の３第３項に規定する特定事務受任者若しくは**特定事務受任者の事務を補助する者であることを証する書類（本人の写真が貼付されたものに限る。以下同じ。**）を提示し、特定事務受任者の所属する会が発行した戸籍の附票の写しの交付を申し出る書類に当該特定事務受任者の職印が押されたものによって申し出る方法その他の市町村長がこれらに準ずるものとして適当と認める方法

四　法第20条第４項の規定による戸籍の附票の写し等の交付の申出をする場合において、同条第５項において読み替えて準用する法第12条の３第

9項の規定に基づき戸籍の附票の写しの送付を求めるときは、第一号イの書類の写し又は**特定事務受任者であることを証する書類の写し**及び特定事務受任者の所属する会が発行した戸籍の附票の写しの交付を申し出る書類に当該特定事務受任者の職印が押されたものを送付し、当該特定事務受任者の事務所の所在地を戸籍の附票の写し等を送付すべき場所に指定する方法。ただし、特定事務受任者の所属する会が会員の氏名及び事務所の所在地を容易に確認することができる方法により公表しているときは、同号イの書類の写し又は特定事務受任者であることを証する書類の写しの送付は要しない。

● **（日本行政書士会連合会）職務上請求書の適正な使用及び取扱いに関する規則**（抜粋）［平17・7・20制定］

第6条（使用者）
2 　行政書士又は行政書士法人が職務上請求書を使用して戸籍謄本等を請求する際、当該行政書士又は行政書士法人の使者とすることができる者は、当該行政書士又は行政書士法人の補助者（法規則第5条又は第12条の3に規定する「補助者」をいう。）のみとする。

第7条（行政書士証票等の提示）
　行政書士又は行政書士法人は、職務上請求書を使用して行政庁窓口に出向き戸籍謄本等を請求する場合は、行政書士にあっては徽章を着用するとともに、行政書士証票又は単位会が発給した会員証を、行政書士法人にあっては有効な登記事項証明書等を提示しなければならない。
2 　使者として補助者を行政庁窓口に出向かせる場合は、補助者章を着用させるとともに、単位会が発給した補助者証を提示させなければならない。

補助者証の問題点

　日行連の職務上請求書の適正な使用及び取扱いに関する規則は、第6条で使用者を補助者に限定し、第7条で行政書士徽章や補助者章の着用をも義務付けている。
　しかしながら筆者の見解によれば、各単位会が補助者証と補助者章を発給する現在の日行連の制度には、次の諸点でかなり問題があるように思われる。そこで、特定事務受任者等（以下「受任者等」という。）による戸籍謄本等の交付請求の際の、受任者等の事務を補助する者の本人確認等の書類に

ついて考察する。

第1　戸籍法施行規則第11条の2第四号、住民基本台帳の一部の写しの閲覧及び住民票の写し等の交付に関する省令第11条第二号、並びに戸籍の附票の写しの交付に関する省令第8条第二号によれば、受任者等の事務を補助する者の本人確認等の書類は、**受任者等の事務を補助する者であることを証する書類で写真をはり付けたものである。**

　他方、日本行政書士会連合会の職務上請求書の適正な使用及び取扱いに関する規則（以下「連合会規則」という。）第7条において、受任者等の事務を補助する者の本人確認等の書類等を、「使者として補助者を行政庁窓口に出向かせる場合は、**補助者章を着用させるとともに、単位会が発給した補助者証を提示させなければならない。**」としている。

　つまり、受任者等の事務を補助する者の本人確認等の書類として、法律上は、**受任者等の事務を補助する者であることを証する書類で写真をはり付けたもの**と規定されているにも関わらず、連合会規則においては、それを**単位会が発給した補助者証に加えて補助者章**の着用をも義務付けているのである。

第2　行政書士法第19条の3の規定により、行政書士の使用人等には、退職後も含めて守秘義務が課されており、もしこれに違反した場合には、同法第22条の規定により1年以下の懲役又は100万円以下の罰金に処せられる事態となる。

　そこで問題になるのは、もし、行政書士の使用人がこの守秘義務に違反したために、被害者から雇用者である行政書士に対し、使用人に個人情報を漏洩された等として損害賠償請求がなされた場合には、その行政書士が民事上の使用者責任を負うのは当然であるとしても、その使用人に補助者証を発給した当該行政書士会にまではその責任が及ばないことも又当然である。

　従って、雇用者としての行政書士と補助者証を発給しただけの当該行政書士会との間には、使用人（補助者）に対するこのような民事上の責任の有無について決定的な違いがある以上、行政書士会が補助者証を発給する現行制度は廃止し、行政書士自らの責任で補助者証を発給する制度に改めるべきである。

第3　さらに、職務上請求書の使用に関していえば、不正の手段による戸

籍謄本等及び住民票の写し等の交付を受けた場合の責めは、当該職務上請求書を使用した行政書士が負うものであって、使者である補助者はもちろん、補助者証を発給した当該行政書士会もその責めを負うことはない。

　従って、本職の指示命令を受けて行った使用人（補助者）の行為についてはもちろん、**指示命令を受けずに行った使用人（補助者）の行為についてさえも本職が法的責任を負うことになる以上、補助者証の発給は本職に委ねられるべきなのである。**

5 ●戸籍謄抄本、住民票及び戸籍の附票等の交付申請執務に必要な法令及び先例一覧

○戸籍法（昭和22年12月22日法律第224号）
○戸籍法施行規則（昭和22年12月29日司法省令第94号）
○住民基本台帳法（昭和42年7月25日法律第81号）
○住民基本台帳法施行令（昭和42年9月11日政令第292号）
○住民基本台帳法施行規則（平成11年10月6日自治省令第35号）
○住民基本台帳の一部の写しの閲覧及び住民票の写し等の交付に関する省令（昭和60年12月13日自治省令第28号）
○戸籍の附票の写しの交付に関する省令（昭和60年12月13日法務省・自治省令第1号）
○戸籍法及び戸籍法施行規則の一部改正に伴う戸籍事務の取扱いについて（平成20年4月7日民一第1000号民事局長通達）
○住民基本台帳事務処理要領について（改正平成20年4月25日総行市第101号・法務省民一第1331号）

Ⅴ 法律関連職としての地位確立のための行政書士制度改革への展望

はじめに

●国民から必要とされる行政書士をめざして

　大多数の国民から、行政書士は、社会保険労務士（以下「社労士」という。）、税理士、司法書士及び土地家屋調査士などと同等の法律関連職であると周知されているにもかかわらず、法制度上では他の法律関連職と同等と認められておらず、かつ、そのことが行政書士自身によってそれほど自覚されていない、行政書士制度の根幹に係る問題点を抉り出すには、行政書士法を探るだけでは足りず、他の法律関連職の資格士法をも合わせて見ていかなければならない。

　そこで、筆者の知る限りでは、今日まで行政書士のどなたもが資格制度上当然のこととして、問題視せず、疑問視せず、かつ論及されてこなかった行政書士制度の根幹に係る問題点のうち、行政書士法と他の資格士法の「資格」と「受験資格」に関する条項に焦点をあてて、行政書士法にあって社労士法等の他の資格士法にはない現代の行政書士に不適切な条項、あるいは、行政書士法になくて社労士法等の他の資格士法にはある現代の行政書士に不適切な条項を1と2において明らかにしていきたい。

　最後の3においては、行政書士法の全条文と社労士法等の他の資格士法の全条文とを比較検討することによって、行政書士の法制度上の欠陥を補い、国民から他の法律関連職と同等の評価と信頼が得られるような行政書士制度に改めるための「行政書士法改正私案」を提起したい。

1 ●行政書士の資格とその他の法律関連職の資格上の諸問題

　行政書士法、社会保険労務士法、税理士法、司法書士法及び土地家屋調査

士法の5資格士法の「資格」の条項に着目してみると、行政書士となる資格を有する者として、弁護士、弁理士、公認会計士及び税理士（以下「4資格者」という。）とする資格を有する者（法第2条第2号から第5号まで）が認められている。

しかしながら、社会保険労務士法では弁護士となる資格を有する者のみが、税理士法では弁護士及び公認会計士（外国公認会計士を含む。）となる資格を有する者のみがそれぞれ認められているに過ぎない。司法書士法、土地家屋調査士法にいたっては、他の有資格者が当該資格でそれらの資格を取得することは、一切認められていない。一人行政書士法のみがそれら4資格者の登録を無条件に認めているのである。

行政書士の業務が、他の資格士法のように官公署ごとに特定[1]されておらず、かつ、「官公署に提出する書類の作成と提出手続の代理、その他権利義務又は事実証明に関する書類の作成と契約書類等の作成の代理（ただし、他の資格士法においてその業務を行うことが制限されているものを除く。）」とあるように、一般法的な規定になっているが故にその業務は広範多岐にわたっており[2]、行政書士の職域とそれら4資格者の職域とが交錯していることもその理由の一つであろう。

本法の制定時等において、これら4資格者が行政書士となる資格を有する者とされた理由[3]はわからないでもないが、本条において、行政書士よりも高度な法的知識と能力を有しているとされるそれらの法律（関連）職が、自らの職業を本業としながら行政書士の職域にも触手を伸ばすなどということは、自らの資格をおとしめる恥ずべき行為であり、まともな法律（関連）職であれば手を染めないであろう。

としながらも、これら4資格者が行政書士の有資格者として当然視されている本規定がある限り、行政書士の職域は、一度法的環境が激変すれば瞬く間にこれら4資格者に浸食されるという脅威に常に晒されているのである。

そして、厳しい就職難や独立開業難にあえいでいる最近のこれら4資格者[4]が大挙して行政書士会に入会して来た場合、その数は膨大なものになるであろう[5]し、そうなると、もはや行政書士制度は資格士制度としての機能を果たせなくなり、国民からも、各種の行政手続や権利義務及び事実証明に関する書類の作成等はこれら4資格者で十分足りるとして、行政書士不要論[6]さえ巻き起こりかねない。

このように潜在的な問題を抱えて危機的な状況にある現状を打開するため

には、全行政書士が一丸となって、これら4資格者を行政書士となる有資格者から排除するべく法改正運動を展開していく以外に道はない。

※1 おおまかに言うと、社会保険労務士は厚生労働省所掌事務を、税理士は財務省所掌事務を、司法書士・土地家屋調査士は法務省所掌事務をそれぞれ個別に業務の対象としていることから、我が国の法律関連職制度は、原則として一省庁一資格士制を採っていることがわかる。

※2 行政書士は、他の法律関連職のように一省庁の所掌事務を業務の対象としているわけではなく、ほとんどの省庁の所掌事務を業務の対象としている。そのことをわかり易く説明するために、行政書士の主要業務の根拠法令を各省庁別にまとめてみると次のようになる。なお、省庁名と法令名は略称してある。

所管庁	主要業務の根拠法令
内閣府	民法に基づく公益社団・財団法人の主務官庁は、下記省庁を含む全ての行政機関が対象となる。
法務省	国籍法、戸籍法、出入国管理法、外登法、会社法、会社法整備法等
文科省	宗教法人法、著作権法、ＰＬ登録法
厚労省	食品衛生法、旅館業法、労基法、職安法、雇用均等法、労働者派遣法、医療法、薬事法、社会福祉法、介護保険法等
環境省	廃棄物処理法
農水省	農地法、特定農地貸付法、森林法
経産省	電気工事業法、電気工事士法等
国交省	建設業法、宅建業法、旅行業法、倉庫業法、都市計画法、道路法、道路運送車両法、貨物運送業法、道路運送法、貨物運送取扱業法等
警察庁	道交法、警備業法、古物営業法、風営適正化法、自動車保管場所法

※3 以下は、法制定時、衆議院を通過した「資格」に関する法案にはなくて、参議院において急遽下記1項が加えられたときの同法案に関する掘合道三法制局参事の趣旨説明である。

「併しながら新しく国又は地方公共団体の公務員として一定の経歴を持った者に対して無試験で行政書士たる資格を与えよう。こういうことにいたします結果、**行政書士よりも高度の資格を持っておる弁護士とか弁理士とか公認会計士**という者に対しては当然その資格を持っておるということのみによりまして、行政書士たる資格をこれに付与してもよろしいのではないかということで一号から三号まで「弁護士となる資格を有する者」、「弁理士となる資格を有する者」、「公認会計士となる資格を有する者」、この三つを新しく無試験で行政書士となる資格を有する者に加えたわけであります。」
［第10回国会参議院地方行政委員会議録第7号（昭26.2.2）から抜粋］

さらに、同項に関する、法制定当時における自治省の見解及び最近の所管庁による解説は以下のとおりである。

> **行政書士の業務と同種類のしかもより高度の知識及び能力を必要とされる業務を行う者となる資格を有する者**に対しては、これらの者が行政書士となるために、更に行政書士試験を行う必要性は毫も存せず、そのような者に無試験で行政書士の資格を与えてもこれにより住民の利益が侵害される恐れは全くない故に、法は、第2条第1項第1号乃至第3号において、一定の資格を有する者には、当然に何れの都道府県においても行政書士となる資格を与えている。
> ［地方自治制度研究会編『行政書士法の解説』昭和26年港出版合作社］

> 弁護士、弁理士、公認会計士、税理士*となる資格を有する者については、自動的に行政書士となる資格を有することとされているが、これはその業務内容、業務運営の実態、試験の程度等を勘案して、これらの資格を有する者は行政書士業務を行うに足る能力を有すると判断されたものと考えられる。
> *なお、税理士については、昭和26.6.15法律第237号による税理士法制定時の附則第36項の規定により、行政書士の有資格者に新たに追加されたものである。
> ［地方自治制度研究会編『詳解行政書士法の解説』昭和62年ぎょうせい］

※4　法曹資格取得試験合格者や公認会計士試験合格者でさえも、今や就職難や独立開業難という極めて厳しい現実に直面していることを報じる記事を次に二つ紹介する。

※5　現行の行政書士法下にあっては、それら4資格者全員の登録を拒否することはできない。現に最近のデータによる行政書士会会員に占める他の有資格者の割合は、各々の有資格者の会員の兼業割合に比べて突出しており、さらに近年、行政書士の会員数は増加の一途を辿り、2011（平成23）年には全国で4万人を超えたことによる過当競争により、既にその兆候は現実化していることからも明らかである。

※6　行政書士を含む法律関連職にとって明るい展望が見出せない苦難の時代の下で、これまで論じてきた諸問題を解決できずに会員数の増加に歯止めを掛けられない行政書士は、いずれその存立基盤さえ失うことにもなりかねないと思われる。
　　そのような不安を払拭するためにも、近い将来本条項が削除されることを強く望むものである。

※本稿の法律内容基準日は、平成23年8月30日現在のものである。

弁護士3万人突破へ ──事務所就職率最悪に──

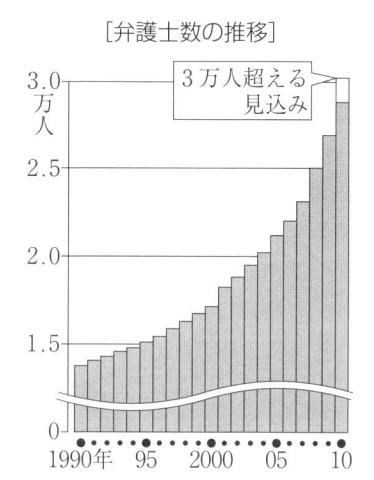

[弁護士数の推移]

3万人超える見込み

　最高裁は15日、司法試験に合格した修習生が法曹（裁判官、検事、弁護士）資格を得るための11月の卒業試験で1,949人が合格したと発表した。大半が弁護士となり、16日に登録される見込みで、現職と合わせた弁護士数が初めて3万人を超えることが確実になった。

　日弁連によると、12月1日現在の弁護士数は2万8,868人で、3万人まで1,100人余りとなっていた。

　法曹人口は司法制度改革の柱として大幅増員が続いており、司法試験合格者数を年間3,000人程度まで増やし、2018年ごろには法曹が5万人になると試算されている。弁護士は90年代後半まで1万5,000～1万6,000人台だったが、最近10年間で1万人以上増えた。

　一方で弁護士の質の低下や過当競争を訴える声が近年強まり、日弁連が増員見直しを求めている。弁護士事務所の求人も伸び悩み、今回の修習卒業生は、事務所への就職率が過去最悪になる見通しだ。最高裁によると、今回の卒業試験の不合格者は全体の4.4％に当たる90人だった。

東京新聞　2010年12月16日付掲載記事より
配信元：共同通信

ジャーナリスト齋藤裕は、最近の公認会計士業界の動向について次のように警告している。
「－増える「未就職者」　就職できても明るい未来を描けない－会計士業界でいう「未就職者」とは、公認会計士試験には合格したものの監査法人や企業などに就職できないでいる人のこと。試験に受かるだけでは公認会計士にはなれない、単に「公認会計士試験合格者」で何ら資格も社会的地位もない。この未就職者がここ１～２年急増している。就職難は何も公認会計士試験合格者だけではない。にもかかわらず、ことさら試験合格者の未就職者のことが取り上げられるのは、「未就職者」は超難関の国家試験を見事にパスした超"優秀"な人材でありながらも、正式に公認会計士になれないでいることは国家の損失と見ているからだ。そう見ているのは、業界を監督している金融庁であり、産業界、それに、一部の業界関係者だ。」＊

＊毎日新聞社発行「週刊エコノミスト」臨時増刊2010年12月20日号「弁護士、公認会計士たちの憂鬱」84Ｐ

●行政書士法　[昭和26年２月22日法律第４号]

最終改正　平成20年１月17日法律第３号

（資格）

第２条　次の各号のいずれかに該当する者は、行政書士となる資格を有する。
　一　行政書士試験に合格した者
　二　弁護士となる資格を有する者
　三　弁理士となる資格を有する者
　四　公認会計士となる資格を有する者
　五　税理士となる資格を有する者
　　［第六号省略］

●社会保険労務士法　[昭和43年６月３日法律第89号]

最終改正　平成23年８月30日法律第107号

（資格）

第３条①　次の各号の一に該当する者であって、労働社会保険諸法令に関す

る厚生労働省令で定める事務に従事した期間が通算して2年以上になるもの又は厚生労働大臣がこれと同等以上の経験を有すると認めるものは、社会保険労務士となる資格を有する。
　一　社会保険労務士試験に合格した者
　二　［省略］
②　弁護士となる資格を有する者は、前項の規定にかかわらず、社会保険労務士となる資格を有する。

●**税理士法**［昭和26年6月15日法律第237号］

　　　　　　　　　　　　　　　　最終改正　平成23年6月24日法律第74号

（税理士の資格）
第3条　次の各号の一に該当する者は、税理士となる資格を有する。ただし、第一号又は第二号に該当する者については、租税に関する事務又は会計に関する事務で政令で定めるものに従事した期間が通算して2年以上あることを必要とする。
　一　税理士試験に合格した者
　二　［省略］
　三　弁護士（弁護士となる資格を有する者を含む。）
　四　公認会計士（公認会計士となる資格を有する者を含む。）
②　公認会計士法［中略］第16条の2第1項［外国公認会計士］の規定により同法第2条に規定する業務を行うことができる者は、この法律の適用については、公認会計士とみなす。

●**司法書士法**［昭和25年5月22日法律第197号］

　　　　　　　　　　　　　　　　最終改正　平成23年6月24日法律第74号

（資格）
第4条　次の各号のいずれかに該当する者は、司法書士となる資格を有する。
　一　司法書士試験に合格した者
　二　［省略］

●**土地家屋調査士法**［昭和25年7月31日法律第228号］

　　　　　　　　　　　　　　　　最終改正　平成23年6月24日法律第74号

Ⅴ　法律関連職としての地位確立のための行政書士制度改革への展望　｜　107

（資格）
第4条　次の各号のいずれかに該当する者は、調査士となる資格を有する。
　一　土地家屋調査士試験に合格した者
　二　［省略］

2 ●資格士法の受験資格上の諸問題

　行政書士、司法書士及び土地家屋調査士には、受験資格についての規定はない。

　他方、社会保険労務士試験の受験資格に着目すると、この資格試験を受けることができる者として、行政書士となる資格を有する者と社会保険労務士若しくは社会保険労務士法人又は弁護士若しくは弁護士法人の業務の補助の事務に従事した期間が通算して3年以上になる者とが同列に規定されている。

　つまり、この規定は、**行政書士となる資格を有する者の法的な知識と能力が、社会保険労務士又は弁護士等の事務所で単なる補助職員としてわずか3年勤務しただけの者と同等でしかないということを法律で明確にしている**のである。

　法律上資格を有する行政書士が、社会保険労務士をはじめとする他の有資格者はもとより、それらの事務所の補助職員からさえも同じ法律関連職として適切な評価を得られていないのは、正にこの条文があるがためといっても過言ではない。

　そしてさらに、この受験資格に列挙されている公務員、労働組合の役職員等から行政書士が同様に評価されないのもこの条文があるがためである。

　よってこの規定は、一見すると行政書士に配慮しているようにも思えるが、反面、これまで指摘してきたような行政書士の評価の根拠となる条文であることから、行政書士が法律関連職として自他共に認められるためにもこの規定は不要であり、削除されるべきであると考える。

　次に、税理士試験の受験資格に着目すると、弁理士、司法書士、行政書士その他の政令で定める法律上資格を有する者の業務に従事した期間と、税理士若しくは税理士法人、弁護士若しくは弁護士法人又は公認会計士若しくは監査法人の業務の補助の事務に従事した期間は、いずれも通算して3年以上必要であると規定されている。

つまり、税理士法の受験資格に関する規定は、税理士、弁護士、公認会計士及び監査法人等の事務所で**単なる補助職員として勤務していた経験年数**と、**弁理士、司法書士及び行政書士等の法律上資格を有する者として業務に携わっていた経験年数とを同等視した**ことによって、税理士以外の有資格者の能力を客観的に判断することを怠り、その能力を不当に過小評価しただけではなく、本条文を改正する段階で、他の資格士法に相当の影響を及ぼす問題点について適確な法的検討をすることなく、確たる基準もなく定めてしまった極めて不公正で不適切な条文であるといわざるを得ない。

　さらにいえば、**社会保険労務士、税理士及び弁護士事務所等で補助職員として勤務していた経験は、勤務していた事務所の当該資格又はそれ以外の資格の受験資格上一定の配慮がなされている一方で、行政書士、司法書士及び土地家屋調査士事務所等で補助職員として勤務していた経験については、それぞれの受験資格上何らの配慮もなされていない**ことも甚だ公平さに欠ける立法措置であるといわざるを得ない。行政書士、司法書士及び土地家屋調査士にとって看過することのできない本条文も、速やかに改正されることを強く望むものである。

●社会保険労務士法

（受験資格）

第8条　次の各号のいずれかに該当する者は、社会保険労務士試験を受けることができる。

　一　学校教育法［中略］による大学において学士の学位を得るのに必要な一般教養科目の学習を終わったもの又は同法による短期大学若しくは高等専門学校を卒業した者

　　［第二号から第四号まで省略］

　五　国又は地方公共団体の公務員として行政事務に従事した期間及び特定独立行政法人又は特定地方独立行政法人の役員又は職員として行政事務に相当する事務に従事した期間が通算して3年以上になる者

　六　行政書士となる資格を有する者

　七　社会保険労務士若しくは社会保険労務士法人［中略］又は弁護士若しくは弁護士法人の業務の補助の事務に従事した期間が通算して3年以上になる者

　八　労働組合の役員として労働組合の業務に専ら従事した期間が通算して

3年以上になる者又はその他の法人（法人でない社団又は財団を含む。）（労働組合を除く。次号において「法人等」という。）の役員として労務を担当した期間が通算して3年以上になる者
九　労働組合の職員又は法人等若しくは事業を営む個人の従業者として労働社会保険諸法令に関する厚生労働省で定める事務に従事した期間が通算して3年以上になる者
十　［省略］

●税理士法

（受験資格）
第5条①　次の各号のいずれかに該当する者は、税理士試験を受けることができる。
一　次に掲げる事務又は業務に従事した期間が通算して3年以上になる者
　　［第一号のイからニまで省略］
　　ホ　税理士若しくは税理士法人、弁護士若しくは弁護士法人又は公認会計士若しくは監査法人の業務の補助の事務
　　ヘ　弁理士、司法書士、行政書士その他の政令で定める法律上資格を有する者の業務
　　［第二号から第五号まで省略］
②　前項第一号に掲げる事務又は業務の2以上に従事した者は、これらの事務又は業務の2以上に従事した期間を通算した場合に、その期間が3年以上になるときは、税理士試験を受けることができる。
　　［第3・第4項省略］

3 ●行政書士法改正私案とその改正理由

※本改正私案に掲げていない条文は、現行行政書士法の条文のままとする。
※条番号が確定できない条文については、第〇条とした。

（行政書士の使命）
第1条　行政書士は、国民の行政手続に関する専門家として、独立した公正な立場において、行政手続制度の理念にそって国民の信頼にこたえ、もって国民の権利利益の保護を図ることを使命とする。

※我が国の現憲法下における近代法律関連職にとって絶対に欠かすことのできない、主権者たる国民に対する当該職能の使命を新たに加えたものである。

（行政書士の職責）
第 1 条の 2　行政書士は、常に品位を保持し、業務に関する法令及び実務に精通して公正な立場で、誠実にその業務を行わなければならない。

※現行法第10条の規定をここに移して、条文を明確にした。

（業務）
第 2 条 ①　行政書士は、次の各号に掲げる事務を行うことを業とする。
　一　行政手続法に定める許認可等の申請及び届出について代理すること。
　二　官公署に提出し、又は提供する書類又は電磁的記録（電子的方式、磁気的方式その他人の知覚によっては認識することができない方式で作られる記録であって、電子計算機による情報処理の用に供されるものをいう。以下同じ。）を作成すること。
　三　前号の規定による書類を官公署に提出する手続及び当該官公署に提出する書類に係る許認可等（行政手続法（平成 5 年法律第88号）第 2 条第三号に規定する許認可等及び当該書類の受理をいう。）に関して行われる聴聞又は弁明の機会の付与の手続その他の意見陳述のための手続において当該官公署に対してする行為（弁護士法（昭和29年法律第205号）第72条に規定する法律事件に関する法律事務に該当するものを除く。）について代理すること。
　四　権利義務又は事実証明に関する書類（実地調査に基づく図面類を含む。）を作成すること。
　五　前号の規定による契約その他に関する書類を代理人として作成すること。
　六　前各号の事務について相談に応ずること。
② 　前項の規定は、行政書士が他の行政書士又は行政書士法人（第13条の 3 に規定する行政書士法人をいう。第 8 条第 1 項において同じ。）の使用人として前項に規定する業務に従事することを妨げない。
③ 　行政書士は、前 2 項に規定する業務であっても、その業務を行うことが他の法律において制限されているものについては、これを行うことができない。

※現行法第 1 条の 2 ・ 3 ・ 4 に分割して規定されている業務に関する条文を整理

し、行政書士の主たる業務と行政手続法との関係を明確にした。
※行政書士法には規定がなく、他の資格士法には規定のある行政機関等に対する審査請求等の手続業務については、他の資格士法にならって認定行政書士制度を設ける等の方法が考えられる。

　しかしながら、行政書士制度には、1で論及した「資格」の問題、2で論及した「受験資格」の問題をはじめとして、3の「行政書士法改正私案」で論及する行政書士自身に内在する基本的な諸問題が山積している。従って、まず本稿で指摘したそれらの諸問題を解決するために起案した本改正私案に沿って法案を成立させることに全力を注ぎ、然る後に、行政書士の所管官庁を資格試験をも含めて知事から大臣へ移管させるなど、法制度上も社会保険労務士等の他の法律関連職と同等にしない限り、国民の理解は得られないと考える。行政機関等に対する審査請求等の手続業務を獲得するための法改正は、未だ時期尚早であると考える所以である。

※なお、付言すれば、社会保険労務士にあっては、およそ34年前の「社会保険労務士法の一部を改正する法律」（昭和53年5月20日法律第52号）で同法が改正された際に、第2条第1項第1号の「社会保険労務士」が行なう事務の別表第1の34において、もう既に「行政不服審査法（昭和37年法律第160号。前各号に掲げる不服申立ての場合に限る。）」に係る書類を作成すること。が法的に認められているのである。

　そしてその直後の昭和55年4月30日には「行政書士法（昭和26年法律第4号）の一部を改正する法律」（法律第29号）が公布され、同年9月1日施行されたのである。

　この改正により、従来、行政書士の業務範囲に含まれていた社会保険労務士法に基づく業務が除かれることとなり、行政書士の業務の範囲が制限されることとなった。また、同時に社会保険労務士法の一部改正が行われ、行政書士は社会保険労務士の業務を行なうことができないこととされた。

　これにより、社会保険労務士と行政書士の業務は截然（せつぜん）と分離されることになって、さきの社会保険労務士法改正の際の付帯決議の一部が実現することとなった。ただし、経過措置により、この改正行政書士法の適用を受ける行政書士は、昭和55年9月1日以降における者に限られる。とされたのである（労働省・社会保険庁共編『社会保険労務士法の詳解』1981年労働法令協会26頁）。

　日本行政書士会連合会は、社会保険労務士に遅れること34年後の今頃になって、行政機関等に対する審査請求等の手続業務を獲得するための法改正運動を展開しているようであるが、筆者から見れば、昭和53年5月の「社会保険労務士法の一部改正」時、若しくはその直後の昭和55年4月の「行政書士法の一部改正」時に、ときを移さずこの法改正運動を展開して同手続業務を獲得しておくべきであったのであり、ことここに至ったのは、偏に当時の日本行政書士会連合会執行部の怠慢によるものであって、今さらの感が拭えないのである。

　さらに問題なのは、現在の日本行政書士会連合会の執行部もこのような当時の日本行政書士会連合会執行部の怠慢を不問とし、ひた隠しに隠して、未だに全国の会員に対して日本行政書士会連合会執行部の過去のこれらの恥ずべき不作為についてきちんと総括して周知していないことである。

（資格）
第3条　次の各号のいずれかに該当する者は、行政書士となる資格を有する。
　一　行政書士試験に合格した者
　二　国又は地方公共団体の公務員として行政事務を担当した期間及び特定独立行政法人［中略］又は特定地方独立行政法人［中略］の役員又は職員として行政事務に相当する事務を担当した期間が通算して20年以上（学校教育法［中略］による高等学校を卒業した者その他同法第90条に規定する者にあっては17年以上）になる者であって、**総務大臣が前条第1項に規定する業務を行うのに必要な知識及び能力を有すると認めたもの**

※弁護士、弁理士、公認会計士及び税理士等の有資格者の行政書士となる資格については、順次削除していくべきである。公務員等の職歴による資格認定制度を設ける。

※受験資格については制限しない。

（行政書士試験）
第○条　行政書士試験は、行政書士となるのに必要な知識及び能力を有するかどうかを判定することを目的とし、次に掲げる事項について行う。
　一　憲法、民法、商法、会社法、刑法、行政法及び行政手続法に関する知識
　二　許認可等の手続及び契約に関する知識
　三　その他第2条第1項に規定する業務を行うのに必要な知識及び能力

※行政書士業務に必要不可欠な試験科目等を具体的に明示した。

（試験の実施）
第○条①　行政書士試験は、毎年1回以上、総務大臣が行う。
②　総務大臣は、行政書士試験をつかさどらせるため、総務大臣の指定する者（以下「指定試験機関」という。）に行政書士試験の実施に関する事務（合格の決定に関する事務を除く。）を行わせることができる。
③　総務大臣は、前項の規定により指定試験機関に試験事務を行わせるときは、その旨を官報で公示するものとし、この場合には、総務大臣は、試験事務を行わないものとする。

※試験の施行者を都道府県知事から総務大臣に移管することとした。

（帳簿の備付及び保存）
第9条① 行政書士は、その業務に関する帳簿を備え、これに事件の名称、年月日、受けた報酬の額、依頼者の住所氏名その他都道府県知事の定める事項を記載しなければならない。
② 行政書士は、前項の帳簿をその関係書類とともに、帳簿閉鎖の時から2年間保存しなければならない。行政書士でなくなったときも、また同様とする。

※本条は、現行法の前身である旧憲法下における約1世紀も前の◎代書人営業取締規則（明治37年3月25日群馬県令第23号）等から始まり、◎代書人規則（大正9年11月25日内務省令第40号）を経て、◎埼玉県行政書士条例（昭和23年9月10日埼玉県条例第34号）等に連綿と引き継がれ、新憲法下の現行法に未だに残っている旧時代の遺物であり、法律関連職たる現代の職能にとっては到底看過できない屈辱的とも言える取締り規則の残滓であって、なおかつこの規定がなければ、国民の利益が侵害されるという格別の理由を見出せる条文でもない。まず第23条第1項の罰則を削除し、その後、本条も削除するべきである。

（信用失墜行為の禁止）
第10条 行政書士は、行政書士の信用又は品位を害するような行為をしてはならない。

※本条の見出しを、他の資格士法に倣って改正する。しかしながら、本条文に関連する規則第9条（書類等の作成）の規定は、前第9条と同様の名残をとどめる取締り規則であるから、削除するべきである。

（報酬の額の公表等）
第10条の2① 行政書士は、その事務所の見やすい場所に、その業務に関し受ける報酬の額を掲示しなければならない。
［第2項省略］

※本条第1項も、前第9条と同様の名残をとどめる取締り規則であり、他の法律関連職を除く行政書士にのみ課された法律での規制でもある。同項を削除して見出しを変更し、合わせて、規則第3条（報酬）第2項の規定も削除するべきである。

（依頼に応ずる義務）
第11条 行政書士は、正当な事由がある場合でなければ、依頼を拒むことが

できない。

※本条も、前第 9 条と同じ理由により、まず第23条第 1 項の罰則を削除し、その後本条も削除するべきである。合わせて、規則第 7 条（業務取扱の順序及び迅速処理）並びに規則第 8 条（依頼の拒否）の規定も、法律関連職たる職能に委ねるべき事務処理の進め方にまで法律が介入している見本であり、かつ行政書士を未だに取締りの対象としているがごとき屈辱的なこれらの規制は無用である。

（業務を行い得ない事件）
第○条　行政書士は、国又は地方公共団体の公務員として及び特定独立行政法人（独立行政法人通則法（平成11年法律第103号）第 2 条第 2 項に規定する特定独立行政法人をいう。以下同じ。）又は特定地方独立行政法人（地方独立行政法人法（平成15年法律第118号）第 2 条第 2 項に規定する特定地方独立行政法人をいう。以下同じ。）の役員又は職員として職務上取り扱った事件及び仲裁手続により仲裁人として取り扱った事件については、その業務を行ってはならない。

※公務員であった者の業務禁止規定を他の資格士法に倣って追加したものである。

（秘密保持の義務）
第12条　行政書士又は行政書士であった者は、正当な事由がある場合でなければ、業務上取り扱った事項について知ることのできた秘密を他に漏らしてはならない。

※他の資格士法に倣って条文改正。

（行政書士の義務に関する規定の準用）
第13条の17　第 8 条第 1 項、第10条、第11条及び第13条の規定は、行政書士法人について準用する。

※第 9 条（帳簿の備付及び保存）削除による本条改正。

（立入検査）
第13条の22①　都道府県知事は、必要があると認めるときは、日没から日出までの時間を除き、当該職員に［以下省略］

※本条も、社労士法を除く他の資格士法には定めがなく、かつ前第 9 条と同じ理由に加えて、行政書士事務所が、監督官庁から風営適正化法第37条（報告及び

V　法律関連職としての地位確立のための行政書士制度改革への展望

立入り）に規定する官憲による立入検査対象の風俗営業所と同程度にしか認識されていない屈辱的ともいえる規定であり、第23条の２の罰則と共に削除するべきである。

（業務の制限）
第19条①　……業として第２条第１項に……

※第２条の改正に伴い、本条も改正する。

（行政書士の使用人等の秘密を守る義務）
第19条の３　行政書士又は［以下省略］

※この規定は、司法書士法や土地家屋調査士法には定められておらず、かつ行政書士にとってはその監督上かなり過酷な義務である。よって、第22条の罰則と共に全文削除するべきである。合わせて、本条に関連する規則第５条（補助者）の規定も、前第９条と同じ理由により、削除するべきである。

（罰則）
第22条①　第12条（秘密を守る義務）の規定に違反した者は、１年以下の懲役又は100万円以下の罰金に処する。
②　前項の罪は、告訴がなければ公訴を提起することができない。

※第19条の３の規定に違反した者に対する罰則を削除する。

第23条　※第９条、第11条及び第13条の17の規定に違反した者に対する罰則の削除により、全文削除。
第23条の２　※本条第二号の第13条の22第１項の規定に違反した者に対する罰則を削除する。
第23条の３　法人の代表者又は法人若しくは人の代理人、使用人その他の従業者が、その法人又は人の業務に関し、**前条**の違反行為をしたときは、その行為者を罰するほか、その法人又は人に対して同条の刑を科する。

※前条第二号を削除したため本条改正。

【主要参考文献】
・後藤紘和編著『行政書士法の解説』ぎょうせい　1982
・後藤紘和編著『行政書士制度の成立過程――帝国議会・国会議事録集成』ぎょうせい　1989
・後藤紘和編著『行政書士のための許認可申請ハンドブック』大成出版社　1999

VI 行政書士法改正私案と5資格士法との比較対照表

　本比較対照表は、現行の行政書士制度を他の法律関連職の法制度と同等のレベルにまで引き上げることにより、その社会的評価を適切なものとし、もって国民の期待に応えるために必要不可欠な行政書士法改正私案と、現行行政書士法、社会保険労務士法、税理士法、司法書士法及び土地家屋調査士法の5資格士法とを比較検討することを目的として作成したものです。

【凡例】1　法令の内容は2011（平成23）年8月30日現在。
　　　　2　①とは第1項であることを示す。以下順次○内数字は項番号を示
　　　　3　罰則中の条番号の後の〔　〕書きは、その条文の見出しである。
　　　　4　※印の付記は、その条文についての筆者のコメントである。
　　　　5　「行政書士法改正私案」中、条番号が確定できない条文について

行政書士法改正私案 (平成22年8月17日起案)	行政書士法（抄） (昭和26年2月22日法律第4号)	社会保険労務士法（抄） (昭和43年6月3日法律第89号)
（行政書士の使命） **第1条**　行政書士は、国民の行政手続に関する専門家として、独立した公正な立場において、行政手続制度の理念にそって国民の信頼にこたえ、もって国民の権利利益の保護を図ることを使命とする。	（目的） **第1条**　この法律は、行政書士の制度を定め、その業務の適正を図ることにより、行政に関する手続の円滑な実施に寄与し、あわせて国民の利便に資することを目的とする。	（目的） **第1条**　この法律は、社会保険労務士の制度を定めて、その業務の適正を図り、もって労働及び社会保険に関する円滑な実施に寄与するとともに、事業の健全な発展と労働者等の福祉の向上に資することを目的とする。
（行政書士の職責） **第1条の2**　行政書士は、常に品位を保持し、業務に関する法令及び実務に精通して公正な立場で、誠実にその業務を行わなければならない。	※行政書士の職責についての規定は、第10条にある。	（社会保険労務士の職責） **第1条の2**　社会保険労務士は、常に品位を保持し、業務に関する法令及び実務に精通して公正な立場で、誠実にその業務を行わなければならない。
（業務） **第2条**①　行政書士は、次の各号に掲げる事務を行うことを業とす	（業務） **第1条の2**①　行政書士は、他人の依頼を受け報酬を得て、官公署に	（社会保険労務士の業務） **第2条**①　社会保険労務士は、次の各号に掲げ

す。

は、第〇条とした。

税理士法（抄） （昭和26年6月15日法律第237号）	司法書士法（抄） （昭和25年5月22日法律第197号）	土地家屋調査士法（抄） （昭和25年7月31日法律第228号）
（税理士の使命） 第1条　税理士は、税務に関する専門家として、独立した公正な立場において、申告納税制度の理念にそって納税義務者の信頼にこたえ、租税に関する法令に規定された納税義務の適正な実現を図ることを使命とする。	（目的） 第1条　この法律は、司法書士の制度を定め、その業務の適正を図ることにより、登記、供託及び訴訟等に関する手続の適正かつ円滑な実施に資し、もって国民の権利の保護に寄与することを目的とする。	（目的） 第1条　この法律は、土地家屋調査士の制度を定め、その業務の適正を図ることにより、不動産の表示に関する登記手続の円滑な実施に資し、もって不動産に係る国民の権利の明確化に寄与することを目的とする。
	（職責） 第2条　司法書士は、常に品位を保持し、業務に関する法令及び実務に精通して、公正かつ誠実にその業務を行わなければならない。	（職責） 第2条　土地家屋調査士（以下「調査士」という。）は、常に品位を保持し、業務に関する法令及び実務に精通して、公正かつ誠実にその業務を行わなければならない。
（税理士の業務） 第2条①　税理士は、他人の求めに応じ、租税（印紙税、登録免許	（業務） 第3条①　司法書士は、この法律の定めるところにより、他人の依頼	（業務） 第3条①　調査士は、他人の依頼を受けて、次に掲げる事務を行うこ

Ⅵ　行政書士法改正私案と5資格士法との比較対照表 ｜ 119

行政書士法改正私案 (平成22年8月17日起案)	行政書士法（抄） (昭和26年2月22日法律第4号)	社会保険労務士法（抄） (昭和43年6月3日法律第89号)
る。 一　行政手続法に定める許認可等の申請及び届出について代理すること。 二　官公署に提出し、又は提供する書類又は電磁的記録（電子的方式、磁気的方式その他人の知覚によっては認識することができない方式で作られる記録であって、電子計算機による情報処理の用に供されるものをいう。以下同じ。）を作成すること。 三　前号の規定による書類を官公署に提出する手続及び当該官公署に提出する書類に係る許認可等（行政手続法（平成5年法律第88号）第2条第三号に規定する許認可等及び当該書類の受理をいう。）に関して行われる聴聞又は弁明の機会の付与の手続その他の意見陳述のための手続において当該官公	提出する書類（その作成に代えて電磁的記録（電子的方式、磁気的方式その他人の知覚によっては認識することができない方式で作られる記録であって、電子計算機による情報処理の用に供されるものをいう。以下同じ。）を作成する場合における当該電磁的記録を含む。以下この条及び次条において同じ。）その他権利義務又は事実証明に関する書類（実地調査に基づく図面類を含む。）を作成することを業とする。 ②　行政書士は、前項の書類の作成であっても、その業務を行うことが他の法律において制限されているものについては、業務を行うことができない。 第1条の3　行政書士は、前条に規定する業務のほか、他人の依頼を受け報酬を得て、次に掲げる事務を業とすることができる。ただ	る事務を行うことを業とする。 一　別表第一に掲げる労働及び社会保険に関する法令（以下「労働社会保険諸法令」という。）に基づいて申請書等（行政機関等に提出する申請書、届出書、報告書、審査請求書、異議申立書、再審査請求書その他の書類（その作成に代えて電磁的記録［中略］を作成する場合における当該電磁的記録を含む。）をいう。以下同じ。）を作成すること。 一の二　申請書等について、その提出に関する手続を代わってすること。 一の三　労働社会保険諸法令に基づく申請、届出、報告、審査請求、異議申立て、再審査請求その他の事項［中略］について、又は当該申請等に係る行政機関等の調査若しくは処

税理士法（抄） （昭和26年6月15日法律第237号）	司法書士法（抄） （昭和25年5月22日法律第197号）	土地家屋調査士法（抄） （昭和25年7月31日法律第228号）
税、関税、法定外普通税［中略］、法定外目的税［中略］その他の政令で定めるものを除く。以下同じ。）に関し、次に掲げる事務を行うことを業とする。 一　税務代理（税務官公署（税務官署を除くものとし、国税不服審を含むものとする。以下同じ。）に対する租税に関する法令若しくは行政不服審査法［中略］の規定に基づく申告、申請、請求若しくは不服申立て［中略］につき、又は当該申告等若しくは税務官公署の調査若しくは処分に関し税務官公署に対してする主張若しくは陳述につき、代理し、又は代行すること（次号の税務書類の作成にとどまるものを除く。）をいう。） 二　税務書類の作成（税務官公署に対する申告等に係る申告書、申請書、請求	を受けて、次に掲げる事務を行うことを業とする。 一　登記又は供託に関する手続について代理すること。 二　法務局又は地方法務局に提出し、又は提供する書類又は電磁的記録［中略］を作成すること。ただし、同号に掲げる事務を除く。 三　法務局又は地方法務局の長に対する登記又は供託に関する審査請求の手続について代理すること。 四　裁判所若しくは検察庁に提出する書類又は筆界特定の手続［中略］において法務局若しくは地方法務局に提出し若しくは提供する書類若しくは電磁的記録を作成すること。 五　前各号の事務について相談に応ずること。 六　簡易裁判所における次に掲げる手続について代理するこ	とを業とする。 一　不動産の表示に関する登記について必要な土地又は家屋に関する調査又は測量 二　不動産の表示に関する登記の申請手続又はこれに関する審査請求手続についての代理 三　不動産の表示に関する登記の申請手続又はこれに関する審査請求の手続について法務局又は地方法務局に提出し、又は提供する書類又は電磁的記録［中略］の作成 四　筆界特定の手続［中略］についての代理 五　筆界特定の手続について法務局又は地方法務局に提出し、又は提供する書類又は電磁的記録の作成 六　前各号に掲げる事務についての相談 七　土地の筆界［中略］が現地において明らかでないことを原因とする民事に関

Ⅵ　行政書士法改正私案と5資格士法との比較対照表

行政書士法改正私案 (平成22年8月17日起案)	行政書士法(抄) (昭和26年2月22日法律第4号)	社会保険労務士法(抄) (昭和43年6月3日法律第89号)
に対してする行為（弁護士法（昭和29年法律第205号）第72条に規定する法律事件に関する法律事務に該当するものを除く。）について代理すること。 四　権利義務又は事実証明に関する書類（実地調査に基づく図面類を含む。）を作成すること。 五　前号の規定による契約その他に関する書類を代理人として作成すること。 六　前各号の事務について相談に応ずること。 ②　前項の規定は、行政書士が他の行政書士又は行政書士法人（第13条の3に規定する行政書士法人をいう。第8条第1項において同じ。）の使用人として前項に規定する業務に従事することを妨げない。 ③　行政書士は、前2項に規定する業務であっても、その業務を行う	し、他の法律においてその業務を行うことが制限されている事項については、この限りでない。 一　前条の規定により行政書士が作成することができる官公署に提出する書類を官公署に提出する手続及び当該官公署に提出する書類に係る許認可等（行政手続法（平成5年法律第88号）第2条第三号に規定する許認可等及び当該書類の受理をいう。）に関して行われる聴聞又は弁明の機会の付与の手続その他の意見陳述のための手続において当該官公署に対してする行為（弁護士法（昭和29年法律第205号）第72条に規定する法律事件に関する法律事務に該当するものを除く。）について代理すること。 二　前条の規定により行政書士が作成する	分に関し当該行政機関に対してする主張若しくは陳述［中略］について、代理すること［中略］。 一の四　個別労働関係の紛争の解決の促進に関する法律［中略］第6条第1項の紛争調停委員会における同法第5条第1項のあっせんの手続並びに雇用の分野における男女の均等な機会及び待遇の確保等に関する法律［中略］第18条第1項及び短時間労働者の雇用管理の改善等に関する法律［中略］第22条第1項の調停の手続について、紛争の当事者を代理すること。 一の五　地方自治法［中略］第180条の2の規定に基づく都道府県知事の委任を受けて都道府県労働委員会が行う個別労働関係紛争（個別労働関係紛争の解決の促進に関する法律第

税理士法（抄） （昭和26年6月15日法律第237号）	司法書士法（抄） （昭和25年5月22日法律第197号）	土地家屋調査士法（抄） （昭和25年7月31日法律第228号）
書、不服申立書その他租税に関する法令の規定に基づき、作成し、かつ、税務官公署に提出する書類（その作成に代えて電磁的記録［中略］を作成する場合における当該電磁的記録を含む。以下同じ。）で財務省令で定めるもの（以下「申告書等」という。）を作成することをいう。） 三　税務相談（税務官公署に対する申告等、第一号に規定する主張若しくは陳述又は申告書等の作成に関し、租税の課税標準等［中略］の計算に関する事項について相談に応ずることをいう。） 四　税理士は、前項に規定する業務（以下「税理士業務」という。）のほか、税理士の名称を用いて、他人の求めに応じ、税理士業務に付随して、財務書類の作成、会計帳簿の記帳	と。ただし、上訴の提起（自ら代理人として手続に関与している事件の判決、決定又は命令に係るものを除く。）、再審及び強制執行に関する事項（ホに掲げる手続を除く。）については、代理することができない。 イ　民事訴訟法［中略］の規定による手続（ロに規定する手続及び訴えの提起前における証拠保全手続を除く。）であって、訴訟の目的の価額が裁判所法［中略］第33条第1項第一号に定める額を超えないもの ロ　民事訴訟法第275条の規定による和解の手続又は同法第7編の規定による支払督促の手続であって、請求の目的の価額が裁判所法第33条第1項第一号に定める額を超えないも	する紛争に係る民間紛争解決手続（民間事業者が、紛争の当事者が和解をすることができる民事上の紛争について、紛争の当事者双方からの依頼を受け、当該紛争の当事者との間の契約に基づき、和解の仲介を行う裁判外紛争解決手続（訴訟手続によらずに民事上の紛争の解決をしようとする紛争の当事者のため、公正な第三者が関与して、その解決を図る手続をいう。）をいう。）であって当該紛争の解決の業務を公正かつ適確に行うことができると認められる団体として法務大臣が指定するものが行うものについての代理 八　前各号に掲げる事務についての相談 ②　前項第七号及び第八号に規定する業務（以下「民間紛争解決手続代理関係業務」とい

Ⅵ　行政書士法改正私案と5資格士法との比較対照表　｜　123

行政書士法改正私案 (平成22年8月17日起案)	行政書士法（抄） (昭和26年2月22日法律第4号)	社会保険労務士法（抄） (昭和43年6月3日法律第89号)
ことが他の法律において制限されているものについては、これを行うことができない。	ことができる契約その他に関する書類を代理人として作成すること。 三　前条の規定により行政書士が作成することができる書類の作成について相談に応ずること。 第1条の4　前2条の規定は、行政書士が他の行政書士又は行政書士法人（第13条の3に規定する行政書士法人をいう。第8条第1項において同じ。）の使用人として前2条に規定する業務に従事することを妨げない。	1条に規定する個別労働関係紛争（労働関係調整法［中略］第6条に規定する労働争議に当たる紛争及び特定独立行政法人等の労働関係に関する法律［中略］第26条第1項に規定する紛争並びに労働者の募集及び採用に関する事項についての紛争を除く。）をいう。以下単に「個別労働関係紛争」という。）に関するあっせんの手続について、紛争の当事者を代理すること。 一の六　個別労働関係紛争（紛争の目的の価額が民事訴訟法［中略］第368条第1項に定める額を超える場合には、弁護士が同一の依頼者から受任している場合に限る。）に関する民間紛争解決手続（裁判外紛争解決手続の利用の促進に関する法律［中略］第2条第一号に規定す

税理士法（抄） (昭和26年6月15日法律第237号)	司法書士法（抄） (昭和25年5月22日法律第197号)	土地家屋調査士法（抄） (昭和25年7月31日法律第228号)
の代行その他財務に関する事務を業として行うことができる。ただし、他の法律においてその事務を業として行うことが制限されている事項については、この限りでない。 五　前2項の規定は、税理士が他の税理士又は税理士法人［中略］の補助者としてこれらの項の業務に従事することを妨げない。 第2条の2①　税理士は、租税に関する事項について、裁判所において、補佐人として、弁護士である訴訟代理人とともに出頭し、陳述をすることができる。 ②　前項の陳述は、当事者又は訴訟代理人が自らしたものと見なす。ただし、当事者又は訴訟代理人が同項の陳述を直ちに取り消し、又は更正したときは、この限りでない。	の ハ　民事訴訟法第2編第4章第7節の規定による訴えの提起前における証拠保全手続又は民事保全法［中略］の規定による手続であって、本案の訴訟の目的の価額が裁判所法第33条第1項第一号に定める額を超えないもの ニ　民事調停法［中略］の規定による手続であって、調停を求める事項の価額が裁判所法第33条第1項第一号に定める額を超えないもの ホ　民事執行法［中略］第2章第2節第4款第2目の規定による少額訴訟債権執行の手続であって、請求の価額が裁判所法第33条第1項第一号に定める額を超えないもの 七　民事に関する紛争	う。）は、次のいずれにも該当する調査士に限り、行うことができる。この場合において、同項第七号に規定する業務は、弁護士が同一の依頼者から受任している事件に限り、行うことができる。 一　民間紛争解決手続代理関係業務について法務省令で定める法人が実施する研修であって法務大臣が指定するものの課程を修了した者であること。 二　前号に規定する者の申請に基づき法務大臣が民間紛争解決手続代理関係業務を行うのに必要な能力を有すると認定した者であること。 三　土地家屋調査士会（以下「調査士会」という。）の会員であること。 ［第3項から第5項まで省略］

行政書士法改正私案 (平成22年8月17日起案)	行政書士法（抄） (昭和26年2月22日法律第4号)	社会保険労務士法（抄） (昭和43年6月3日法律第89号)
		る民間紛争解決手続をいう。以下この条において同じ。）であって、個別労働関係紛争の民間紛争解決手続の業務を公正かつ適確に行うことができると認められる団体として厚生労働大臣が指定するものが行うものについて、紛争の当事者を代理すること。 二　労働社会保険諸法令に基づく帳簿書類［中略］を作成すること。 三　事業における労務管理その他の労働に関する事項及び労働社会保険諸法令に基づく社会保険に関する事項について相談に応じ、又は指導すること。 ②　前項第一号の四から第一号の六までに掲げる業務（以下「紛争解決手続代理業務」という。）は、紛争解決手続代理業務試験に合格し、かつ、第14条の11の3第1項の規定によ

税理士法（抄） （昭和26年6月15日法律第237号）	司法書士法（抄） （昭和25年5月22日法律第197号）	土地家屋調査士法（抄） （昭和25年7月31日法律第228号）
	（簡易裁判所における民事訴訟法の規定による訴訟手続の対象となるものに限る。）であって紛争の目的の価額が裁判所法第33条第1項第一号に定める額を超えないものについて、相談に応じ、又は仲裁事件の手続若しくは裁判外の和解について代理すること。 八　筆界特定の手続であって対象土地（不動産登記法第123条第三号に規定する対象土地をいう。）の価額として法務省令で定める方法により算定される額の合計額の2分の1に相当する額に筆界特定によって通常得られることとなる利益の割合として法務省令で定める割合を乗じて得た額が裁判所法第33条第1項第一号に定める額を超えないものについて、相談に応じ、又は代理す	

行政書士法改正私案 (平成22年8月17日起案)	行政書士法（抄） (昭和26年2月22日法律第4号)	社会保険労務士法（抄） (昭和43年6月3日法律第89号)
		る付記を受けた社会保険労務士（以下「特定社会保険労務士」という。）に限り、行うことができる。 ③　紛争解決手続代理業務には、次に掲げる事務が含まれる。 　一　第1項第一号の四のあっせんの手続及び調停の手続、同項第一号の五のあっせんの手続並びに同項第一号の六の厚生労働大臣が指定する団体が行う民間紛争解決手続（以下この項において「紛争解決手続」という。）について相談に応ずること。 　二　紛争解決手続の開始から終了に至るまでの間に和解の交渉を行うこと。 　三　紛争解決手続により成立した和解における合意を内容とする契約を締結すること。 ④　第1項各号に掲げる事務には、その事務を行うことが他の法律に

税理士法（抄） （昭和26年6月15日法律第237号）	司法書士法（抄） （昭和25年5月22日法律第197号）	土地家屋調査士法（抄） （昭和25年7月31日法律第228号）
	ること。 ② 前項第六号から第八号までに規定する業務（以下「簡裁訴訟代理等関係業務」という。）は、次のいずれにも該当する司法書士に限り、行うことができる。 一 簡裁訴訟代理等関係業務について法務省令で定める法人が実施する研修であって法務大臣が指定するものの課程を修了した者であること。 二 前号に規定する者の申請に基づき法務大臣が簡裁訴訟代理等関係業務を行うに必要な能力を有すると認定した者であること。 三 司法書士会の会員であること。 ［第3項から第5項まで省略］ ⑥ 第2項に規定する司法書士は、民事訴訟法第54条第1項本文［中略］の規定にかかわらず、第1項第六号イからハまで又はホに掲げ	

行政書士法改正私案 (平成22年8月17日起案)	行政書士法（抄） (昭和26年2月22日法律第4号)	社会保険労務士法（抄） (昭和43年6月3日法律第89号)
		おいて制限されている事務並びに労働社会保険諸法令に基づく療養の給付及びこれに相当する給付の費用についてこれらの給付を担当する者のなす請求に関する事務は含まれない。
(資格) 第3条　次の各号のいず	(資格) 第2条　次の各号のいず	(資格) 第3条①　次の各号の一

税理士法（抄） （昭和26年6月15日法律第237号）	司法書士法（抄） （昭和25年5月22日法律第197号）	土地家屋調査士法（抄） （昭和25年7月31日法律第228号）
	る手続における訴訟代理人又は代理人となることができる。 ⑦　第2項に規定する司法書士であって第1項第六号イ及びロに掲げる手続において訴訟代理人になったものは、民事訴訟法第55条第1項の規定にかかわらず、委任を受けた事件について、強制執行に関する訴訟行為をすることができない。ただし、第2項に規定する司法書士であって第1項第六号イに掲げる手続のうち少額訴訟の手続において訴訟代理人となったものが同号ホに掲げる手続についてする訴訟行為については、この限りでない。 ⑧　司法書士は、第1項に規定する業務であっても、その業務を行うことが他の法律において制限されているものについては、これを行うことができない。	
（税理士の資格） 第3条　次の各号の一に	（資格） 第4条　次の各号のいず	（資格） 第4条　次の各号のいず

行政書士法改正私案 (平成22年8月17日起案)	行政書士法（抄） (昭和26年2月22日法律第4号)	社会保険労務士法（抄） (昭和43年6月3日法律第89号)
れかに該当する者は、行政書士となる資格を有する。 一　行政書士試験に合格した者 二　国又は地方公共団体の公務員として行政事務を担当した期間及び特定独立行政法人［中略］又は特定地方独立行政法人［中略］の役員又は職員として行政事務に相当する事務を担当した期間が通算して20年以上（学校教育法［中略］による高等学校を卒業した者その他同法第90条に規定する者にあっては17年以上）になる者であって、**総務大臣が前条第1項に規定する業務を行うのに必要な知識及び能力を有すると認めたもの**	れかに該当する者は、行政書士となる資格を有する。 一　行政書士試験に合格した者 二　弁護士となる資格を有する者 三　弁理士となる資格を有する者 四　公認会計士となる資格を有する者 五　税理士となる資格を有する者 六　国又は地方公共団体の公務員として行政事務を担当した期間及び特定独立行政法人［中略］又は特定地方独立行政法人［中略］の役員又は職員として行政事務に相当する事務を担当した期間が通算して20年以上（学校教育法［中略］による高等学校を卒業した者その他同法第90条に規定する者にあっては17年以上）になる者	に該当する者であって、労働社会保険諸法令に関する厚生労働省令で定める事務に従事した期間が通算して2年以上になるもの又は厚生労働大臣がこれと同等以上の経験を有すると認めるものは、社会保険労務士となる資格を有する。 一　社会保険労務士試験に合格した者 二　第11条の規定による社会保険労務士試験の免除科目が第9条に掲げる試験科目の全部に及ぶ者 ②　弁護士となる資格を有する者は、前項の規定にかかわらず、社会保険労務士となる資格を有する。

税理士法（抄） (昭和26年6月15日法律第237号)	司法書士法（抄） (昭和25年5月22日法律第197号)	土地家屋調査士法（抄） (昭和25年7月31日法律第228号)
該当する者は、税理士となる資格を有する。ただし、第一号又は第二号に該当する者については、租税に関する事務又は会計に関する事務で政令で定めるものに従事した期間が通算して2年以上あることを必要とする。 一　税理士試験に合格した者 二　第6条に定める試験科目の全部について、第7条又は第8条の規定により税理士試験を免除された者 三　弁護士（弁護士となる資格を有する者を含む。） 四　公認会計士（公認会計士となる資格を有する者を含む。） ②　公認会計士法［中略］第16条の2第1項〔外国公認会計士〕の規定により同法第2条に規定する業務を行うことができる者は、この法律の適用については、公認会計士とみなす。	れかに該当する者は、司法書士となる資格を有する。 一　司法書士試験に合格した者 二　裁判所事務官、裁判所書記官、法務事務官若しくは検察事務官としてその職務に従事した期間が通算して10年以上になる者又はこれと同等以上の法律に関する知識及び実務の経験を有する者であって、法務大臣が前条第1項第一号から第五号までに規定する業務を行うのに必要な知識及び能力を有すると認めたもの	れかに該当する者は、調査士となる資格を有する。 一　土地家屋調査士試験に合格した者 二　法務局又は地方法務局において不動産の表示に関する登記の事務に従事した期間が通算して10年以上になる者であって、法務大臣が前条第1項第一号から第六号までに規定する業務を行うのに必要な知識及び技能を有すると認めたもの

Ⅵ　行政書士法改正私案と5資格士法との比較対照表

行政書士法改正私案 (平成22年8月17日起案)	行政書士法（抄） (昭和26年2月22日法律第4号)	社会保険労務士法（抄） (昭和43年6月3日法律第89号)
※受験資格については制限しないこととする。	※受験資格についての規定はない。	（受験資格） 第8条　次の各号のいずれかに該当する者は、社会保険労務士試験を受けることができる。 　［第一号から第五号まで省略］ 六　行政書士となる資格を有する者 七　社会保険労務士若しくは社会保険労務士法人［中略］又は弁護士又は弁護士法人の業務の補助の事務に従事した期間が通算して3年以上になる者 　［第八号から第十号まで省略］

税理士法（抄） (昭和26年6月15日法律第237号)	司法書士法（抄） (昭和25年5月22日法律第197号)	土地家屋調査士法（抄） (昭和25年7月31日法律第228号)
（受験資格） 第5条① 次の各号のいずれかに該当する者は、税理士試験を受けることができる。 一 次に掲げる事務又は業務に従事した期間が通算して3年以上になる者 　［第一号のイからニまで省略］ 　ホ 税理士若しくは税理士法人、弁護士若しくは弁護士法人又は公認会計士若しくは監査法人の業務の補助の事務 　ヘ 弁理士、司法書士、行政書士その他の政令で定める法律上資格を有する者の業務 　［第二号から第五号まで省略］ ② 前項第一号に掲げる事務又は業務の2以上に従事した者は、これらの事務又は業務の2以上に従事した期間を通算した場合に、その期間が3年以上になる	※受験資格についての規定はない。	※受験資格についての規定はない。

Ⅵ　行政書士法改正私案と5資格士法との比較対照表 ｜ 135

行政書士法改正私案 (平成22年8月17日起案)	行政書士法（抄） (昭和26年2月22日法律第4号)	社会保険労務士法（抄） (昭和43年6月3日法律第89号)
（行政書士試験） 第○条　行政書士試験は、行政書士となるのに必要な知識及び能力を有するかどうかを判定することを目的とし、次に掲げる事項について行う。 一　憲法、民法、商法、会社法、刑法、行政法及び行政手続法に関する知識 二　許認可等の手続及び契約に関する知識 三　その他第2条第1項に規定する業務を行うのに必要な知識及び能力 （試験の実施） 第○条①　行政書士試験は、毎年1回以上、総務大臣が行う。 ②　総務大臣は、行政書士試験をつかさどらせるため、総務大臣の指定する者（以下「指定試験機関」という。）	（行政書士試験） 第3条①　行政書士試験は、総務大臣が定めるところにより、行政書士の業務に関し必要な知識及び能力について、毎年1回以上行う。 ②　行政書士試験の施行に関する事務は、都道府県知事が行う。 （指定試験機関の指定） 第4条①　都道府県知事は、総務大臣の指定する者（以下「指定試験機関」という。）に、行政書士試験の施行に関する事務（総務省令で定めるものを除く。以下「試験事務」という。）を行わせることができる。 ②　前項の規定による指定は、総務省令で定めるところにより、試験事務を行おうとする者の申請により行う。	（社会保険労務士試験） 第9条　社会保険労務士試験は、社会保険労務士となるのに必要な知識及び能力を有するかどうかを判定することを目的とし、次に掲げる科目について行う。 一　労働基準法及び労働安全衛生法 二　労働者災害補償保険法 三　雇用保険法 三の二　労働保険の保険料の徴収等に関する法律 四　健康保険法 五　厚生年金保険法 六　国民年金法 七　労務管理その他の労働及び社会保険に関する一般常識 （試験の実施） 第10条①　社会保険労務士試験は、毎年1回以上、厚生労働大臣が行う。

税理士法（抄） (昭和26年6月15日法律第237号)	司法書士法（抄） (昭和25年5月22日法律第197号)	土地家屋調査士法（抄） (昭和25年7月31日法律第228号)
ときは、税理士試験を受けることができる。 ［第3項から第4項まで省略］		
（試験の目的及び試験科目） 第6条　税理士試験は、税理士となるのに必要な学識及びその応用能力を有するかどうかを判定することを目的とし、次に定める科目について行う。 一　次に掲げる科目（イからホまでに掲げる科目にあっては、国税通則法その他の法律に定める当該科目に関連する事項を含む。以下「税法に属する科目」という。）のうち受験者の選択する三科目。ただし、イ又はロに掲げる科目のいずれか一科目は、必ず選択しなければならないものとする。 　イ　所得税法 　ロ　法人税法 　ハ　相続税法 　ニ　消費税法又は酒	（試験の方法及び内容等） 第6条①　法務大臣は、毎年1回以上、司法書士試験を行わなければならない。 ②　司法書士試験は、次に掲げる事項について筆記及び口述の方法により行う。ただし、口述試験は、筆記試験に合格した者について行う。 一　憲法、民法、商法及び刑法に関する知識 二　登記、供託及び訴訟に関する知識 三　その他第3条第1項第一号から第五号までに規定する業務を行うのに必要な知識及び能力 ③　筆記試験に合格した者に対しては、その申請により、次回の司法書士試験の筆記試験を免除する。	（試験の方法及び内容等） 第6条①　法務大臣は、毎年1回以上、土地家屋調査士試験を行わなければならない。 ②　前項の試験は、筆記及び口述の方法により行う。 ③　筆記試験は、不動産の表示に関する登記について必要な次に掲げる事項に関する知識及び技能について行う。 一　土地及び家屋の調査及び測量 二　申請手続及び審査請求の手続 ④　口述試験は、筆記試験に合格したものにつき、前項第二号に掲げる事項に関する知識について行う。 ［第5項から第7項まで省略］

行政書士法改正私案 (平成22年8月17日起案)	行政書士法（抄） (昭和26年2月22日法律第4号)	社会保険労務士法（抄） (昭和43年6月3日法律第89号)
に行政書士試験の実施に関する事務（合格の決定に関する事務を除く。）を行わせることができる。 ③　総務大臣は、前項の規定により指定試験機関に試験事務を行わせるときは、その旨を官報で公示するものとし、この場合には、総務大臣は、試験事務を行わないものとする。	③　都道府県知事は、第1項の規定により指定試験機関に試験事務を行わせるときは、試験事務を行わないものとする。	②　厚生労働大臣は、社会保険労務士試験をつかさどらせるため、労働及び社会保険に関し学識経験を有する者のうちから社会保険労務士試験委員を任命するものとする。ただし、次条第1項の規定により、全国社会保険労務士会連合会に同項の試験事務を行わせることとした場合は、この限りでない。
		第10条の2　①　厚生労働大臣は、全国社会保険労務士会連合会（以下「連合会」という。）に社会保険労務士試験の実施に関する事務（合格の決定に関する事務を除く。以下「試験事務」という。）を行わせることができる。 ②　厚生労働大臣は、前項の規定により連合会に試験事務を行わせるときは、その旨を官報で公示するものとし、この場合には、厚生労働大臣は、試験事務を

税理士法（抄） (昭和26年6月15日法律第237号)	司法書士法（抄） (昭和25年5月22日法律第197号)	土地家屋調査士法（抄） (昭和25年7月31日法律第228号)
税法のいずれか一科目 　ホ　国税徴収法 　ヘ　地方税法のうち都道府県民税（都民税を含む。）及び市町村民税（特別区民税を含む。）に関する部分又は地方税法のうち事業税に関する部分のいずれか一科目 　ト　地方税法のうち固定資産税に関する部分 二　会計額のうち簿記論及び財務諸表論の二科目（以下「会計学に属する科目」という。） ‑‑‑‑‑‑‑‑‑‑‑‑‑‑‑‑‑‑‑‑ （試験の執行） **第12条**①　税理士試験は、国税審議会が行う。 ②　税理士試験は、毎年1回以上行う。	④　司法書士試験を受けようとする者は、政令で定めるところにより、受験手数料を納めなければならない。	

行政書士法改正私案 (平成22年8月17日起案)	行政書士法（抄） (昭和26年2月22日法律第4号)	社会保険労務士法（抄） (昭和43年6月3日法律第89号)
		行わないものとする。
※（帳簿の備付及び保存）第9条の規定は、罰則と共に削除。	（帳簿の備付及び保存） 第9条① 行政書士は、その業務に関する帳簿を備え、これに事件の名称、年月日、受けた報酬の額、依頼者の住所氏名その他都道府県知事の定める事項を記載しなければならない。 ② 行政書士は、前項の帳簿をその関係書類とともに、帳簿閉鎖の時から2年間保存しなければならない。行政書士でなくなったときも、また同様とする。 【罰則】第23条第1項	（帳簿の備付け及び保存） 第19条① 開業社会保険労務士は、その業務に関する帳簿を備え、これに事件の名称、依頼を受けた年月日、受けた報酬の額、依頼者の住所及び氏名又は名称その他厚生労働大臣が定める事項を記載しなければならない。 ② 開業社会保険労務士は、前項の帳簿をその関係書類とともに、帳簿閉鎖の時から2年間保存しなければならない。開業社会保険労務士でなくなったときも、同様とする。 【罰則】第33条
※不正行為の指示等の禁止についての規定は設けない。	※不正行為の指示等の禁止についての規定はない。	（不正行為の指示等の禁止） 第15条 社会保険労務士は、不正に労働社会保険諸法令に基づく保険給付を受けること、不正に労働社会保険諸法令に基づく保険料の賦

税理士法（抄） (昭和26年6月15日法律第237号)	司法書士法（抄） (昭和25年5月22日法律第197号)	土地家屋調査士法（抄） (昭和25年7月31日法律第228号)
（帳簿作成の義務） **第41条**① 税理士は、税理士業務に関して帳簿を作成し、委嘱者別に、かつ、一件ごとに、税務代理、税務書類の作成又は税務相談の内容及びそのてん末を記載しなければならない。 ② 前項の帳簿は、閉鎖後5年間保存しなければならない。 ③ 税理士は、財務省令で定めるところにより、第1項の帳簿を磁気ディスクをもって調製することができる。 ※罰則はない。	※帳簿の備付及び保存については法律で定められていない（但し、施行規則で定められている場合がある。）。	（帳簿及び書類） **第21条** 調査士は、法務省令の定めるところにより、業務に関する帳簿を備え、且つ、関係書類を保存しなければならない。 ※罰則はない。
（脱税相談等の禁止） **第36条** 税理士は、不正に国税若しくは地方税の賦課若しくは徴収を免れ、又は不正に国税若しくは地方税の還付を受けることにつき、指示をし、相談に応	※不正行為の指示等の禁止についての規定はない。	※不正行為の指示等の禁止についての規定はない。

行政書士法改正私案 (平成22年8月17日起案)	行政書士法（抄） (昭和26年2月22日法律第4号)	社会保険労務士法（抄） (昭和43年6月3日法律第89号)
		課又は徴収を免れることその他労働社会保険諸法令に違反する行為について指示をし、相談に応じ、その他これらに類する行為をしてはならない。 【罰則】第32条
（信用失墜行為の禁止） 第10条　行政書士は、行政書士の信用又は品位を害するような行為をしてはならない。	（行政書士の責務） 第10条　行政書士は、誠実にその業務を行なうとともに、行政書士の信用又は品位を害するような行為をしてはならない。	（信用失墜行為の禁止） 第16条　社会保険労務士は、社会保険労務士の信用又は品位を害するような行為をしてはならない。
（報酬の額の公表等） 第10条の2①　行政書士会及び日本行政書士会連合会は、依頼者の選択及び行政書士の業務の利便に資するため、行政書士がその業務に関し受ける報酬の額について、統計を作成し、これを公表するよう努めなければならない。	（報酬の額の掲示等） 第10条の2①　行政書士は、その事務所の見やすい場所に、その業務に関し受ける報酬の額を掲示しなければならない。 ②　行政書士会及び日本行政書士会連合会は、依頼者の選択及び行政書士の業務の利便に資するため、行政書士がその業務に関し受ける報酬の額について、統計を作成し、これを公	※報酬の額の掲示等については法律で定められていない（但し、施行規則で定められている場合がある。）。

税理士法（抄） （昭和26年6月15日法律第237号）	司法書士法（抄） （昭和25年5月22日法律第197号）	土地家屋調査士法（抄） （昭和25年7月31日法律第228号）
じ、その他これらに類似する行為をしてはならない。 【罰則】第58条		
（信用失墜行為の禁止） 第37条　税理士は、税理士の信用又は品位を害するような行為をしてはならない。	※司法書士の信用失墜行為の禁止等についての規定はない。	※土地家屋調査士の信用失墜行為の禁止等についての規定はない。
※報酬の額の掲示等については法律で定められていない（但し、施行規則で定められている場合がある。）。	※報酬の額の掲示等については法律で定められていない（但し、施行規則で定められている場合がある。）。	※報酬の額の掲示等については法律で定められていない（但し、施行規則で定められている場合がある。）。
（使用人等に対する監督義務） 第41条の2　税理士は、税理士業務を行うため使用人その他の従業者を使用するときは、税理士業務の適正な遂行に欠けるところのないよう当該使用人その他		

行政書士法改正私案 (平成22年8月17日起案)	行政書士法（抄） (昭和26年2月22日法律第4号)	社会保険労務士法（抄） (昭和43年6月3日法律第89号)
	表するよう努めなければならない。	
※（依頼に応ずる義務） 第11条の規定は、罰則と共に削除。	（依頼に応ずる義務） 第11条　行政書士は、正当な事由がある場合でなければ、依頼を拒むことができない。 【罰則】第23条第1項	（依頼に応ずる義務） 第20条　開業社会保険労務士は、正当な理由がある場合でなければ、依頼（紛争手続代理業務に関するものを除く。）を拒んではならない。 【罰則】第33条
（業務を行い得ない事件） 第11条の2①　行政書士は、国又は地方公共団体の公務員として及び特定独立行政法人（独立行政法人通則法（平成11年法律第103号）第2条第2項に規定する特定独立行政法人をいう。以下同じ。）又は特定地方独立行政法	※業務を行い得ない事件については法律で定められていない。	（業務を行い得ない事件） 第22条①　社会保険労務士は、国又は地方公共団体の公務員として職務上取り扱った事件及び仲裁手続により仲裁人として取り扱った事件については、その業務を行ってはならない。 ②　特定社会保険労務士

税理士法（抄） (昭和26年6月15日法律第237号)	司法書士法（抄） (昭和25年5月22日法律第197号)	土地家屋調査士法（抄） (昭和25年7月31日法律第228号)
の従業者を監督しなければならない。 ※関連条文：第54条（税理士又は税理士法人の使用人等の秘密を守る義務）		
※依頼に応ずる義務については法律で定められていない（但し、施行規則で定められている場合がある。）。	（依頼に応ずる義務） 第21条　司法書士は、正当な事由がある場合でなければ依頼（簡裁訴訟代理等関係業務に関するものを除く。）を拒むことができない。 【罰則】第75条第1項	（依頼に応ずる義務） 第22条　調査士は、正当な事由がある場合でなければ、依頼（第3条第1項第四号及び第六号（第四号に関する部分に限る。）に規定する業務並びに民間紛争解決手続代理関係業務に関するものを除く。）を拒んではならない。 【罰則】第70条第1項
（業務の制限） 第42条　国税又は地方税に関する行政事務に従事していた国又は地方公共団体の公務員で税理士となったものは、離職後1年間は、その離職前1年内に占めていた職の所掌に属すべき事件について税理士業務を行ってはならない。但し国税庁長官の	（業務を行い得ない事件） 第22条①　司法書士は、公務員として職務上取り扱った事件及び仲裁手続により仲裁人として取り扱った事件については、その業務を行ってはならない。 ②　司法書士は、次に掲げる事件については、第3条第1項第四号及	（業務を行い得ない事件） 第22条の2①　調査士は、公務員として職務上取り扱った事件及び仲裁手続により仲裁人として取り扱った事件については、その業務を行ってはならない。 ②　調査士は、次に掲げる事件については、第3条第1項第四号から

行政書士法改正私案 （平成22年8月17日起案）	行政書士法（抄） （昭和26年2月22日法律第4号）	社会保険労務士法（抄） （昭和43年6月3日法律第89号）
人（地方独立行政法人法（平成15年法律第118号）第2条第2項に規定する特定地方独立行政法人をいう。以下同じ。）の役員又は職員として職務上取り扱った事件及び仲裁手続により仲裁人として取り扱った事件については、その業務を行ってはならない。 ※罰則は設けない。		は、次に掲げる事件については、紛争解決手続代理業務を行ってはならない。ただし、第三号に掲げる事件については、受任している事件の依頼者が同意した場合は、この限りでない。 　［第一号から第五号まで省略］ （非社会保険労務士との提携の禁止） **第23条の2**　社会保険労務士は、第26条又は第27条の規定に違反する者から事件のあっせんを受け、又はこれらの者に自己の名義を利用させてはならない。 【罰則】第32条の2第1項
（秘密保持の義務） **第12条**　行政書士又は行	（秘密を守る義務） **第12条**　行政書士は、正	（秘密を守る義務） **第21条**　開業社会保険労

税理士法（抄） （昭和26年6月15日法律第237号）	司法書士法（抄） （昭和25年5月22日法律第197号）	土地家屋調査士法（抄） （昭和25年7月31日法律第228号）
承認を受けた者については、この限りでない。 【罰則】第60条 （業務の停止） 第43条　税理士は、懲戒処分により、弁護士、外国法事務弁護士、公認会計士弁理士、司法書士、行政書士若しくは社会保険労務士の業務を停止された場合又は不動産鑑定士の鑑定評価等業務を禁止された場合においては、その処分を受けている間、税理士業務を行ってはならない。税理士が報酬のある公職に就き、その職にある間においても、また同様とする。 【罰則】第60条 （秘密を守る義務） 第38条　税理士は、正当	び第五号（第四号に関する部分に限る。）に規定する業務（以下「裁判書類作成関係業務」という。）を行ってはならない。 　［第一号から第三号まで省略］ ③　第3条第2項に規定する司法書士は、次に掲げる事件については、裁判書類作成関係業務を行ってはならない。ただし、第三号及び第六号に掲げる事件については、受任している事件の依頼者が同意した場合は、この限りでない。 　［第一号から第六号まで省略］ ④　第3条第2項に規定する司法書士は、第2項各号及び前項各号に掲げる事件については、簡裁訴訟代理等関係業務を行ってはならない。この場合においては、同項ただし書の規定を準用する。 （秘密保持の義務） 第24条　司法書士又は司	第六号（第四号及び第五号に関する部分に限る。）までに規定する業務（以下「筆界特定手続代理関係業務」という。）を行ってはならない。ただし、第三号及び第七号に掲げる事件については、受任している事件の依頼者が同意した場合は、この限りでない。 　［第一号から第七号まで省略］ ③　第3条第2項に規定する調査士は、前項各号に掲げる事件及び次に掲げる事件については、民間紛争解決手続代理関係業務を行ってはならない。ただし、同項第三号及び第七号に掲げる事件並びに第二号に掲げる事件については、受任している事件の依頼者が同意した場合は、この限りでない。 　［第一号から第二号まで省略］ （秘密保持の義務） 第24条の2　調査士又は

行政書士法改正私案 （平成22年8月17日起案）	行政書士法（抄） （昭和26年2月22日法律第4号）	社会保険労務士法（抄） （昭和43年6月3日法律第89号）
政書士であった者は、正当な事由がある場合でなければ、業務上取り扱った事項について知ることのできた秘密を他に漏らしてはならない。 【罰則】第22条第1項	当な事由がなく、その業務上取り扱った事項について知り得た秘密を漏らしてはならない。行政書士でなくなった後も、また同様とする。 【罰則】第22条第1項	務士又は社会保険労務士法人の社員は、正当な理由がなくて、その業務に関して知り得た秘密を他に漏らし、又は盗用してはならない。開業社会保険労務士又は社会保険労務士法人の社員でなくなった後においても、また同様とする。 【罰則】第32条の2第1項
（行政書士の義務に関する規定の準用） **第13条の17**　第8条第1項、第10条、第11条及び第13条の規定は、行政書士法人について準用する。 【罰則】第23条第2項	（行政書士の義務に関する規定の準用） **第13条の17**　第8条第1項、第9条から第11条まで及び第13条の規定は、行政書士法人について準用する。 【罰則】第23条第2項	（社会保険労務士の義務等に関する規定の準用） **第25条の20**　第1条の2、第15条、第16条、第19条、第20条、第23条の2、第25条の30及び第25条の36の規定は、社会保険労務士法人について準用する。 【罰則】第32条の2第1項、第33条
※（立入検査）第13条の22の規定は、罰則と共に削除。	（立入検査）　（注） **第13条の22**①　都道府県知事は、必要があると認めるときは、日没か	（報告及び検査） **第24条**①　厚生労働大臣は、開業社会保険労務士又は社会保険労務士

税理士法（抄） (昭和26年6月15日法律第237号)	司法書士法（抄） (昭和25年5月22日法律第197号)	土地家屋調査士法（抄） (昭和25年7月31日法律第228号)
な理由がなくて、税理士業務に関して知り得た秘密を他に漏らし、又は窃用してはならない。税理士でなくなった後においても、また同様とする。 【罰則】第59条	法書士であった者は、正当な事由がある場合でなければ、業務上取り扱った事件について知ることのできた秘密を他に漏らしてはならない。 【罰則】第76条	調査士であった者は、正当な事由がある場合でなければ、業務上取り扱った事件について知ることのできた秘密を他に漏らしてはならない。 【罰則】第71条の2
（税理士の権利及び義務等に関する規定の準用） **第48条の16** 第1条、第30条、第31条、第34条から第37条まで、第39条及び第41条から第41条の3までの規定は、税理士法人について準用する。 【罰則】第58条	（一般社団法人及び一般財団法人に関する法律及び会社法の準用等） **第46条**① 第2条、第20条、第21条及び第23条の規定は、司法書士法人について準用する。 ［第2項から第7項まで省略］ 【罰則】第75条第2項	（一般社団法人及び一般財団法人に関する法律及び会社法の準用等） **第41条**① 第2条、第20条から第22条まで及び第24条の規定は、調査士法人について準用する。 ［第2項から第7項まで省略］ 【罰則】第70条第2項
（監督上の措置） **第55条**① 国税庁長官は、税理士業務の適正な運営を確保するため	※司法書士又は司法書士法人事務所への立入検査等についての法律の規定はない。	※調査士又は調査士法人事務所への立入検査等についての法律の規定はない。

行政書士法改正私案 (平成22年8月17日起案)	行政書士法（抄） (昭和26年2月22日法律第4号)	社会保険労務士法（抄） (昭和43年6月3日法律第89号)
	ら日出までの時間を除き、当該職員に行政書士又は行政書士法人の事務所に立ち入り、その業務に関する帳簿及び関係書類（これらの作成又は保存に代えて電磁的記録の作成又は保存がされている場合における当該電磁的記録を含む。）を検査させることができる。 ② 前項の場合においては、都道府県知事は、当該職員にその身分を証明する証票を携帯させなければならない。 ③ 当該職員は、第1項の立入検査をする場合においては、その身分を証明する証票を関係者に呈示しなければならない。 ④ 第1項の規定による立入検査の権限は、犯罪捜査のために認められたものと解釈してはならない。 【罰則】第23条の2	法人の業務の適正な運営を確保するため必要があると認めるときは、当該開業社会保険労務士若しくは社会保険労務士法人に対し、その業務に関し必要な報告を求め、又はその職員をして当該開業社会保険労務士若しくは社会保険労務士法人の事務所に立ち入り、当該開業社会保険労務士若しくは社会保険労務士法人に質問し、若しくはその業務に関係のある帳簿書類（その作成、備付け又は保存に代えて電磁的記録の作成、備付け又は保存がされている場合における当該電磁的記録を含む。）を検査させることができる。 ② 前項の規定により立入検査をしようとする職員は、その身分を示す証明書を携帯し、関係人の請求があったときは、これを提示しなければならない。 ③ 第1項の規定による立入検査の権限は、犯

税理士法（抄） (昭和26年6月15日法律第237号)	司法書士法（抄） (昭和25年5月22日法律第197号)	土地家屋調査士法（抄） (昭和25年7月31日法律第228号)
必要があるときは、税理士又は税理士法人から報告を徴し、又は当該職員をして税理士又は税理士法人に質問し、若しくはその業務に関する帳簿書類を検査させることができる。 ② 前項の規定による報告の徴取、質問又は検査の権限は、犯罪捜査のために認められたものと解してはならない。		
（助言義務） 第41条の3 税理士は、税理士業務を行うに当たって、委嘱者が不正に国税若しくは地方税の賦課若しくは徴収を免れている事実、不正に国税若しくは地方税の還付を受けている事実又は国税若しくは地方税の課税標準等の計算の基礎となるべき事実の全部若しくは一部を隠ぺいし、若しくは仮装している事実があることを知ったときは、直ちに、その是正		

Ⅵ 行政書士法改正私案と5資格士法との比較対照表

行政書士法改正私案 （平成22年8月17日起案）	行政書士法（抄） （昭和26年2月22日法律第4号）	社会保険労務士法（抄） （昭和43年6月3日法律第89号）
		罪捜査のために認められたものと解釈してはならない。 【罰則】第34条
		（不正行為の指示等を行った場合の懲戒） 第25条の2 ① 厚生労働大臣は、社会保険労務士が、故意に、真正の事実に反して申請書等の作成、事務代理若しくは紛争解決手続代理業務を行ったとき、又は第15条の規定に違反する行為をしたときは、1年以内の開業社会保険労務士若しくは開業社会保険労務士の使用人である社会保険労務士若しくは社会保険労務士法人の社員若しくは使用人である社会保険労務士の業務の停止又は失格処分の処分をすることができる。 ② 厚生労働大臣は、社会保険労務士が、相当の注意を怠り、前条に規定する行為をしたときは、戒告又は1年以

税理士法（抄） (昭和26年6月15日法律第237号)	司法書士法（抄） (昭和25年5月22日法律第197号)	土地家屋調査士法（抄） (昭和25年7月31日法律第228号)
をするよう助言しなければならない。		
（脱税相談等をした場合の懲戒） 第45条① 財務大臣は、税理士が、故意に、真正の事実に反して税務代理若しくは税務書類の作成をしたとき、又は第36条〔脱税相談等の禁止〕の規定に違反する行為をしたときは、1年以内の税理士業務の停止又は税理士業務の禁止の処分をすることができる。 ② 財務大臣は、税理士が、相当の注意を怠り、前項に規定する行為をしたときは、戒告又は1年以内の税理士業務の停止の処分をすることができる。 【罰則】第60条 （一般の懲戒） 第46条 財務大臣は、前条の規定に該当する場		（虚偽の調査、測量の禁止） 第23条 調査士は、その業務に関して虚偽の調査、又は測量をしてはならない。 【罰則】第71条

Ⅵ 行政書士法改正私案と5資格士法との比較対照表 | 153

行政書士法改正私案 (平成22年8月17日起案)	行政書士法（抄） (昭和26年2月22日法律第4号)	社会保険労務士法（抄） (昭和43年6月3日法律第89号)
		内の開業社会保険労務士若しくは開業社会保険労務士の使用人である社会保険労務士若しくは社会保険労務士法人の社員若しくは使用人である社会保険労務士の業務の停止の処分をすることができる。 【罰則】第32条の2第1項
（懲戒の手続） 第14条の3　※現行条文に同じ。	（懲戒の手続） 第14条の3　① 何人も、行政書士又は行政書士法人について第14条又は前条第1項若しくは第2項に該当する事実があると思料するときは、当該行政書士又は行政書士法人の事務所の所在地を管轄する都道府県知事に対し、当該事実を通知し、適当な措置をとることを求めることができる。 ② 前項の規定による通知があったときは、同	（一般の懲戒） 第25条の3　厚生労働大臣は、前条の規定に該当する場合を除くほか、社会保険労務士が、第17条第1項若しくは第2項の規定により添付する書面若しくは同条第1項若しくは第2項の規定による付記に虚偽の記載をしたとき、この法律及びこれに基づく命令若しくは労働社会保険諸法令の規定に違反したとき、又は社会保険労務

税理士法（抄） (昭和26年6月15日法律第237号)	司法書士法（抄） (昭和25年5月22日法律第197号)	土地家屋調査士法（抄） (昭和25年7月31日法律第228号)
合を除くほか、税理士が第33条の2〔計算事項、審査事項等を記載した書面の添付〕第1項若しくは第2項の規定により添付する書面に虚偽の記載をしたとき、又はこの法律若しくは国税若しくは地方税に関する法令の規定に違反したときは、第44条〔懲戒の種類〕に規定する懲戒処分をすることができる。 【罰則】第60条		
（懲戒の手続等） 第47条① 地方公共団体の長は、税理士について、地方税に関し前2条に規定する行為又は事実があると認めたときは、財務大臣に対し、当該税理士の氏名及び税理士事務所又は税理士法人の事務所の所在地並びにその行為又は事実を通知するものとする。 ② 税理士会は、その会員について、前2条に規定する行為又は事実	（懲戒の手続） 第49条① 何人も、司法書士又は司法書士法人にこの法律又はこの法律に基づく命令に違反する事実があると思料するときは、当該司法書士又は当該司法書士法人の事務所の所在地を管轄する法務局又は地方法務局の長に対し、当該事実を通知し、適当な措置をとることを求めることができる。 ② 前項の規定による通	（懲戒の手続） 第44条① 何人も、調査士又は調査士法人にこの法律又はこの法律に基づく命令に違反する事実があると思料するときは、当該調査士又は当該調査士法人の事務所の所在地を管轄する法務局又は地方法務局の長に対し、当該事実を通知し、適当な措置をとることを求めることができる。 ② 前項の規定による通知があったときは、同

行政書士法改正私案 (平成22年8月17日起案)	行政書士法（抄） (昭和26年2月22日法律第4号)	社会保険労務士法（抄） (昭和43年6月3日法律第89号)
	項の都道府県知事は、通知された事実について必要な調査をしなければならない。 ③　都道府県知事は、第14条第二号又は前条第1項第二号若しくは第2項第二号の処分をしようとするときは、行政手続法（平成5年法律第88号）第13条第1項の規定による意見陳述のための手続の区分にかかわらず、聴聞を行わなければならない。 ④　前項に規定する処分又は第14条第三号若しくは前条第1項第三号の処分に係る行政手続法第15条第1項の通知は、聴聞の期日の1週間前までにしなければならない。 ⑤　前項の聴聞の期日における審理は、公開により行わなければならない。	士たるにふさわしくない重大な非行があったときは、第25条に規定する懲戒処分をすることができる。 【罰則】第32条の2第1項 (聴聞の特例) 第25条の4　①　厚生労働大臣は、第25条の2又は第25条の3の規定による戒告又は業務の停止の懲戒処分をしようとするときは、行政手続法（平成5年法律第88号）第13条第1項の規定による意見陳述のための手続の区分にかかわらず、聴聞を行わなければならない。 ②　厚生労働大臣は、第25条の2又は第25条の3の規定による懲戒処分に係る聴聞を行うに当たっては、その期日の1週間前までに、行政手続法第15条第1項の規定による通知をし、かつ、聴聞の期日及び場所を公示しなければならない。 ③　前項の聴聞の期日に

税理士法（抄） （昭和26年6月15日法律第237号）	司法書士法（抄） （昭和25年5月22日法律第197号）	土地家屋調査士法（抄） （昭和25年7月31日法律第228号）
があると認めたときは、財務大臣に対し、当該会員の氏名及び税理士事務所又は税理士法人の事務所の所在地並びにその行為又は事実を通知しなければならない。 ③　何人も、税理士について、前2条に規定する行為又は事実があると認めたときは、財務大臣に対し、当該税理士の氏名及びその行為又は事実を通知し、適当な措置をとるべきことを求めることができる。 ④　財務大臣は、前2条の規定により税理士の懲戒処分をしようとするときは、国税審議会に諮り、その議決に基づいてしなければならない。 ⑤　財務大臣は、前2条の規定により税理士の懲戒処分をするときは、その理由を付記した書面により、その旨を当該税理士に通知しなければならない。	知があったときは、同項の法務局又は地方法務局の長は、通知された事実について必要な調査をしなければならない。 ③　法務局又は地方法務局の長は、第47条第二号又は前条第1項第二号若しくは第2項第二号の処分をしようとするときは、行政手続法（平成5年法律第88号）第13条第1項の規定による意見陳述のための手続の区分にかかわらず、聴聞を行わなければならない。 ④　前項に規定する処分又は第47条第三号若しくは前条第1項第三号の処分に係る行政手続法第15条第1項の通知は、聴聞の期日の1週間前までにしなければならない。 ⑤　前項の聴聞の期日における審理は、当該司法書士又は当該司法書士法人から請求があったときは、公開により行わなければならない。	項の法務局又は地方法務局の長は、通知された事実について必要な調査をしなければならない。 ③　法務局又は地方法務局の長は、第42条第二号又は前条第1項第二号若しくは第2項第二号の処分をしようとするときは、行政手続法（平成5年法律第88号）第13条第1項の規定による意見陳述のための手続の区分にかかわらず、聴聞を行わなければならない。 ④　前項に規定する処分又は第42条第三号若しくは前条第1項第三号の処分に係る行政手続法第15条第1項の通知は、聴聞の期日の1週間前までにしなければならない。 ⑤　前項の聴聞の期日における審理は、当該調査士又は当該調査士法人から請求があったときは、公開により行わなければならない。

行政書士法改正私案 (平成22年8月17日起案)	行政書士法（抄） (昭和26年2月22日法律第4号)	社会保険労務士法（抄） (昭和43年6月3日法律第89号)
		おける審理は、公開により行わなければならない。
（業務の制限） 第19条① 行政書士又は行政書士法人でない者は、業として第2条第1項に規定する業務を行うことができない。ただし、他の法律に別段の定めがある場合及び定型的かつ容易に行えるものとして総務省令で定める手続について、当該手続に関し相当の経験又は能力を有する者として総務省令で定める者が電磁的記録を作成する場合は、この限りでない。 ② 総務大臣は、前項に規定する総務省令を定めるときは、あらかじめ、当該手続に係る法令を所管する国務大臣の意見を聴くものとする。 【罰則】第21条	（業務の制限） 第19条① 行政書士又は行政書士法人でない者は、業として第1条の2に規定する業務を行うことができない。ただし、他の法律に別段の定めがある場合及び定型的かつ容易に行えるものとして総務省令で定める手続について、当該手続に関し相当の経験又は能力を有する者として総務省令で定める者が電磁的記録を作成する場合は、この限りでない。 ② 総務大臣は、前項に規定する総務省令を定めるときは、あらかじめ、当該手続に係る法令を所管する国務大臣の意見を聴くものとする。 【罰則】第21条	（業務の制限） 第27条 社会保険労務士又は社会保険労務士法人でない者は、他人の求めに応じ報酬を得て、第2条第1項第一号から第二号までに掲げる事務を業として行ってはならない。ただし、他の法律に別段の定めがある場合及び政令で定める業務に付随して行う場合は、この限りでない。 【罰則】第32条の2第1項

税理士法（抄） （昭和26年6月15日法律第237号）	司法書士法（抄） （昭和25年5月22日法律第197号）	土地家屋調査士法（抄） （昭和25年7月31日法律第228号）
（税理士業務の制限） **第52条** 税理士又は税理士法人でない者は、この法律に別段の定めがある場合を除くほか、税理士業務を行ってはならない。 【罰則】第59条 （行政書士等が行う税務書類の作成） **第51条の2** 行政書士又は行政書士法人は、それぞれ行政書士又は行政書士法人の名称を用いて、他人の求めに応じ、ゴルフ場利用税、自動車税、軽自動車税、自動車取得税、事業諸税その他政令で定める租税に関し税務書類の作成を業として行うことができる。	（非司法書士等の取締り） **第73条**① 司法書士会に入会している司法書士又は司法書士法人でない者（協会を除く。）は、第3条第1項第一号から第五号までに規定する業務を行ってはならない。ただし、他の法律に別段の定めがある場合は、この限りでない。 ② 協会は、その業務の範囲を超えて、第3条第1項第一号から第五号までに規定する業務を行ってはならない。 ③ 司法書士でないものは、司法書士又はこれに紛らわしい名称を用いてはならない。 ④ 司法書士法人でない者は、司法書士法人又はこれに紛らわしい名称を用いてはならない。 ⑤ 協会でない者は、公共嘱託登記司法書士協	（非調査士等の取締り） **第68条**① 調査士会に入会している調査士又は調査士法人でない者（協会を除く。）は、第3条第1項第一号から第五号までに掲げる事務（同項第二号及び第三号に掲げる事務にあっては、同項第一号に掲げる調査又は測量を必要とする申請手続に関するものに限る。）又はこれらの事務に関する同項第六号に掲げる事務を行うことを業とすることができない。ただし、弁護士若しくは弁護士法人が同項第二号から第五号までに掲げる事務（同項第二号及び第三号に掲げる事務にあっては、同項第一号に掲げる調査又は測量を必要とする申請手続に関する審査請求の手続に関するものに限る。）若しくはこれらの事務に関す

行政書士法改正私案 (平成22年8月17日起案)	行政書士法（抄） (昭和26年2月22日法律第4号)	社会保険労務士法（抄） (昭和43年6月3日法律第89号)
（名称の使用制限） **第19条の2**　※現行条文に同じ。 【罰則】第22条の4	（名称の使用制限） **第19条の2**①　行政書士でない者は、行政書士又はこれと紛らわしい名称を用いてはならない。 ②　行政書士法人でない者は、行政書士法人又はこれと紛らわしい名称を用いてはならない。 ③　行政書士会又は日本行政書士会連合会でない者は、行政書士会又は日本行政書士会連合会若しくはこれと紛らわしい名称を用いてはならない。 【罰則】第22条の4	（名称の使用制限） **第26条**①　社会保険労務士でない者は、社会保険労務士又はこれに類似する名称を用いてはならない。 ②　社会保険労務士法人でない者は、社会保険労務士法人又はこれに類似する名称を用いてはならない。 ③　社会保険労務士会又は連合会でない団体は、社会保険労務士会若しくは全国社会保険労務士会連合会又はこれらに類似する名称を用いてはならない。 【罰則】第33条

税理士法（抄） （昭和26年6月15日法律第237号）	司法書士法（抄） （昭和25年5月22日法律第197号）	土地家屋調査士法（抄） （昭和25年7月31日法律第228号）
	会又はこれに紛らわしい名称を用いてはならない。 【罰則】第78条、第79条	る同項第六号に掲げる事務を行う場合又は司法書士法第3条第2項に規定する司法書士若しくは同項に規定する簡裁訴訟代理等関係業務を行うことを目的とする司法書士法人が第3条第1項第四号若しくは第五号に掲げる事務（同法第3条第1項第八号に規定する筆界特定の手続に係るものに限る。）若しくはこれらの事務に関する第3条第1項第六号に掲げる事務を行う場合は、この限りでない。
（名称の使用制限） 第53条① 税理士でない者は、税理士若しくは税理士事務所又はこれらに類似する名称を用いてはならない。 ② 税理士法人でない者は、税理士法人又はこれに類似する名称を用いてはならない。 ③ 税理士会及び日本税理士会連合会でない団体は、税理士会若しくは日本税理士会連合会又はこれらに類似する名称を用いてはならない。 ④ 前3項の規定は、税理士又は税理士法人でない者並びに税理士会及び日本税理士会連合会でない団体が他の法律の規定により認められた名称を用いることを妨げるものと解してはならない。		② 協会は、その業務の範囲を超えて、第64条第1項に規定する事務を行うことを業とすることができない。 ③ 調査士でない者は、土地家屋調査士又はこれに紛らわしい名称を用いてはならない。 ④ 調査士法人でない者は、土地家屋調査士法人又はこれに紛らわしい名称を用いてはならない。 ⑤ 協会でない者は、公

行政書士法改正私案 (平成22年8月17日起案)	行政書士法（抄） (昭和26年2月22日法律第4号)	社会保険労務士法（抄） (昭和43年6月3日法律第89号)
※（行政書士の使用人等の秘密を守る義務）第19条の3の規定は、罰則と共に削除。	（行政書士の使用人等の秘密を守る義務） **第19条の3**　行政書士又は行政書士法人の使用人その他の従業者は、正当な理由がなく、その業務上取り扱った事項について知り得た秘密を漏らしてはならない。行政書士又は行政書士法人の使用人その他の従業者でなくなった後も、また同様とする。 【罰則】第22条	（開業社会保険労務士の使用人等の秘密を守る義務） **第27条の2**　開業社会保険労務士又は社会保険労務士法人の使用人その他の従業者は、正当な理由がなくて、その業務に関して知り得た秘密を他に漏らし、又は盗用してはならない。開業社会保険労務士又は社会保険労務士法人の使用人その他の従業者でなくなった後においても、また同様とする。 【罰則】第32条の2第1項
（罰則） **第21条**　※現行条文に同じ。	（罰則） **第21条**　次の各号のいずれかに該当する者は、1年以下の懲役又は100万円以下の罰金に	（罰則） **第32条**　第15条〔不正行為の指示等の禁止〕（第25条の20〔社会保険労務士の義務等に関

税理士法（抄） (昭和26年6月15日法律第237号)	司法書士法（抄） (昭和25年5月22日法律第197号)	土地家屋調査士法（抄） (昭和25年7月31日法律第228号)
【罰則】第61条		共嘱託登記土地家屋調査士協会又はこれに紛らわしい名称を用いてはならない。 【罰則】第73条、第74条
（税理士又は税理士法人の使用人等の秘密を守る義務） 第54条　税理士又は税理士法人の使用人その他の従業者は、正当な理由がなくて、税理士業務に関して知り得た秘密を他に漏らし、又は盗用してはならない。税理士又は税理士法人の使用人その他の従業者でなくなった後においても、また同様とする。 ※関連条文：第41条の2〔使用人等に対する監督義務〕 ※罰則はない。	※司法書士の使用人等の秘密を守る義務については法律で定められていない（但し、施行規則で定められている場合がある。）。	※調査士の使用人等の秘密を守る義務については法律で定められていない（但し、施行規則で定められている場合がある。）。
（罰則） 第58条　第36条〔脱税相談等の禁止〕（第48条の16〔税理士の権利及び義務等に関する規定	（罰則） 第74条　司法書士となる資格を有しない者が、日本司法書士会連合会に対し、その資格につ	（罰則） 第69条　調査士となる資格を有しない者が、調査士会連合会に対し、その資格につき虚偽の

Ⅵ　行政書士法改正私案と5資格士法との比較対照表

行政書士法改正私案 (平成22年8月17日起案)	行政書士法（抄） (昭和26年2月22日法律第4号)	社会保険労務士法（抄） (昭和43年6月3日法律第89号)
	処する。 一　行政書士となる資格を有しない者で、日本行政書士会連合会に対し、その資格につき虚偽の申請をして行政書士名簿に登録させたもの 二　第19条〔業務の制限〕第1項に違反した者	する規定の準用〕において準用する場合を含む。）の規定に違反した者は、3年以下の懲役又は100万円以下の罰金に処する。 第32条の2①　次の各号のいずれかに該当する者は、1年以下の懲役又は200万円以下の罰金に処する。
第22条①　第12条〔秘密を守る義務〕の規定に違反した者は、1年以下の懲役又は100万円以下の罰金に処する。 ②　前項の罪は、告訴がなければ公訴を提起することができない。	第22条①　第12条〔秘密を守る義務〕又は第19条の3〔行政書士の使用人等の秘密を守る義務〕の規定に違反した者は、1年以下の懲役又は100万円以下の罰金に処する。 ②　前項の罪は、告訴がなければ公訴を提起することができない。	一　偽りその他不正な手段により第14条の2〔登録〕第1項の規定による登録を受けた者 二　第21条〔秘密を守る義務〕又は第27条の2〔開業社会保険労務士の使用人等の秘密を守る義務〕の規定に違反した者 三　第23条の2〔非社会保険労務士との提携の禁止〕（第25条の20〔社会保険労務士の義務等に関する規定の準用〕において準用する場合を含む。）の規定に違反した者
第22条の4　※現行条文に同じ。	第22条の4　第19条の2〔名称の使用制限〕の規定に違反した者は、100万円以下の罰金に処する。	
第23条　※全文削除。	第23条①　第9条〔帳簿の備付及び保存〕又は第11条〔依頼に応ずる	四　第25条の2〔不正

税理士法（抄） (昭和26年6月15日法律第237号)	司法書士法（抄） (昭和25年5月22日法律第197号)	土地家屋調査士法（抄） (昭和25年7月31日法律第228号)
の準用〕又は第50条〔臨時の税務書類の作成等〕第2項において準用する場合を含む。）の規定に違反した者は、3年以下の懲役又は200万円以下の罰金に処する。	き虚偽の申請をして司法書士名簿に登録させたときは、1年以下の懲役又は100万円以下の罰金に処する。	申請をして土地家屋調査士名簿に登録させたときは、1年以下の懲役又は100万円以下の罰金に処する。
第59条① 次の各号のいずれかに該当する者は、2年以下の懲役又は100万円以下の罰金に処する。 一 税理士となる資格を有しない者で、日本税理士会連合会に対し、その資格につき虚偽の申請をして税理士名簿に登録させたもの 二 第38条〔秘密を守る義務〕（第50条第2項において準用する場合を含む。）又は第54条〔税理士又は税理士法人の使用人等の秘密を守る義務〕の規定に違反した者 三 第52条〔税理士業務の制限〕の規定に違反した者	第75条① 第21条〔依頼に応ずる義務〕の規定に違反した者は、100万円以下の罰金に処する。 ② 司法書士法人が第46条〔一般社団法人及び一般財団法人に関する法律及び会社法の準用等〕第1項において準用する第21条の規定に違反したときは、その違反行為をした司法書士法人の社員又は使用人は、100万円以下の罰金に処する。 ③ 協会が第70条〔司法書士及び司法書士法人に関する規定の準用〕において準用する第21条の規定に違反したときは、その違反行為をした協会の理事又は職員は、100万円以下の罰金に処する。 第76条① 第24条〔秘密	第70条① 第22条〔依頼に応ずる義務〕の規定に違反した者は、100万円以下の罰金に処する。 ② 調査士法人が第41条〔一般社団法人及び一般財団法人に関する法律及び会社法の準用等〕第1項において準用する第22条の規定に違反したときは、その違反行為をした調査士法人の社員又は使用人は、100万円以下の罰金に処する。 ③ 協会が第65条〔調査士及び調査士法人に関する規定の準用〕において準用する第22条の規定に違反したときは、その違反行為をした協会の理事又は職員は、100万円以下の罰金に処する。 第71条 第23条〔虚偽の

行政書士法改正私案 (平成22年8月17日起案)	行政書士法（抄） (昭和26年2月22日法律第4号)	社会保険労務士法（抄） (昭和43年6月3日法律第89号)
	義務〕の規定に違反した者は、100万円以下の罰金に処する。 ② 行政書士法人が第13条の17〔行政書士の義務に関する規定の準用〕において準用する第9条又は第11条の規定に違反したときは、その違反行為をした行政書士法人の社員は、100万円以下の罰金に処する。	行為の指示等を行った場合の懲戒〕若しくは第25条の3〔一般の懲戒〕又は第25条の24〔違法行為等についての処分〕第1項の規定による業務の停止の処分に違反した者 五 〔省略〕 六 第27条〔業務の制限〕に違反した者 ② 前項第二号の罪は、告訴がなければ公訴を提起することができない。
第23条の2 第13条の20の2第6項において準用する会社法第955条第1項の規定に違反して、同項に規定する調査記録簿等に同項に規定する電子公告調査に関し法務省令で定めるものを記載せず、若しくは記録せず、若しくは虚偽の記載若しくは記録をし、又は当該調査記録簿等を保存しなかった者は、30万円以下の罰金に処する。 ※本条第二号の第13条の22〔立入検査〕第1項の規定に違反した者に	第23条の2 次の各号のいずれかに該当する者は、30万円以下の罰金に処する。 一 〔省略〕 二 第13条の22〔立入検査〕第1項の規定による当該職員の検査を拒み、妨げ、又は忌避した者	第33条 次の各号のいずれかに該当する者は、100万円以下の罰金に処する。 一 第19条〔帳簿の備付け及び保存〕（第25条の20において準用する場合を含む。）の規定に違反した者 二 第20条〔依頼に応ずる義務〕（第25条の20において準用する場合を含む。）の規定に違反した者 三 第26条〔名称の使用制限〕の規定に違

税理士法（抄） （昭和26年6月15日法律第237号）	司法書士法（抄） （昭和25年5月22日法律第197号）	土地家屋調査士法（抄） （昭和25年7月31日法律第228号）
②　前項第二号の罪は、告訴がなければ公訴を提起することができない。 第60条　次の各号のいずれかに該当する者は、1年以下の懲役又は100万円以下の罰金に処する。 一　第42条〔税理士の業務の制限〕の規定に違反した者 二　第43条〔業務の停止〕の規定に違反した者 三　第45条〔脱税相談等をした場合の懲戒〕若しくは第46条〔一般の懲戒〕又は第48条の20〔違法行為等についての処分〕第1項の規定による税理士業務の停止の処分を受けた場合において、その処分に違反して税理士業務を行った者 第61条　次の各号のいずれかに該当する者は、100万円以下の罰金に処する。	保持の義務〕の規定に違反した者は、6月以下の懲役又は50万円以下の罰金に処する。 ②　前項の罪は、告訴がなければ公訴を提起することができない。 第78条①　第73条〔非司法書士等の取締り〕第1項の規定に違反した者は、1年以下の懲役又は100万円以下の罰金に処する。 ②　協会が第73条第2項の規定に違反したときは、その違反行為をした協会の理事又は職員は、1年以下の懲役又は100万円以下の罰金に処する。 第79条　次の各号のいずれかに該当する者は、100万円以下の罰金に処する。 一　第73条〔非司法書士等の取締り〕第3項の規定に違反した者 二　第73条第4項の規定に違反した者 三　第73条第5項の規	調査、測量の禁止〕の規定に違反した者は、1年以下の懲役又は100万円以下の罰金に処する。 第71条の2①　第24条の2〔秘密保持の義務〕の規定に違反した者は、6月以下の懲役又は50万円以下の罰金に処する。 ②　前項の罪は、告訴がなければ公訴を提起することができない。 第73条①　第68条〔非調査士等の取締り〕第1項の規定に違反した者は、1年以下の懲役又は100万円以下の罰金に処する。 ②　協会が第68条第2項の規定に違反したときは、その違反行為をした協会の理事又は職員は、1年以下の懲役又は100万円以下の罰金に処する。 第74条　次の各号のいずれかに該当する者は、100万円以下の罰金に

行政書士法改正私案 (平成22年8月17日起案)	行政書士法（抄） (昭和26年2月22日法律第4号)	社会保険労務士法（抄） (昭和43年6月3日法律第89号)
対する罰則を削除。		反した者
		第34条　次の各号のいずれかに該当する者は、30万円以下の罰金に処する。 一　第24条第1項〔報告及び検査〕の規定による報告をせず、若しくは虚偽の報告をし、同項の規定による立入り若しくは検査を拒み、妨げ、若しくは忌避し、又は同項の規定による質問に答弁せず、若しくは虚偽の答弁をした者 二　〔省略〕
第23条の3　法人の代表者又は法人若しくは人の代理人、使用人その他の従業者が、その法人又は人の業務に関し、**前条**の違反行為をしたときは、その行為者を罰するほか、その法人又は人に対して同条の刑を科する。	第23条の3　法人の代表者又は法人若しくは人の代理人、使用人その他の従業者が、その法人又は人の業務に関し、前条第一号の違反行為をしたときは、その行為者を罰するほか、その法人又は人に対して同条の刑を科する。	第36条　法人の代表者又は法人若しくは人の代理人、使用人その他の従業者が、その法人又は人の業務に関し、第32条、第32条の2第1項第三号、第四号（第2条第24第1項に係る部分に限る。）若しくは第六号又は第33条から前条までの違反行為をしたときは、その行為者を罰するほか、そ

税理士法（抄） (昭和26年6月15日法律第237号)	司法書士法（抄） (昭和25年5月22日法律第197号)	土地家屋調査士法（抄） (昭和25年7月31日法律第228号)
一　第53条〔名称の使用制限〕第1項の規定に違反した者 二　第53条第2項の規定に違反した者 三　第53条第3項の規定に違反した者	定に違反した者	処する。 一　第68条〔非調査士等の取締り〕第3項の規定に違反した者 二　第68条第4項の規定に違反した者 三　第68条第5項の規定に違反した者
第63条　法人の代表者又は法人若しくは人の代理人、使用人その他の従業者が、その法人又は人の業務に関し、第58条、第59条第1項第三号、第60条第三号（第48条の20第1項に係る部分に限る。）、第61条又は前条の違反行為をしたときは、その行為者を罰するほか、その法人又は人に対	第80条　法人の代表者又は法人若しくは人の代理人、使用人その他の従業者が、その法人又は人の業務に関し、第75条第2項若しくは第3項又は第77条から前条までの違反行為をしたときは、その行為者を罰するほか、その法人又は人に対して各本条の罰金刑を科する。	第75条　法人の代表者又は法人若しくは人の代理人、使用人その他の従業者が、その法人又は人の業務に関し、第70条第2項若しくは第3項又は第72条から前条までの違反行為をしたときは、その行為者を罰するほか、その法人又は人に対して各本条の罰金刑を科する。

行政書士法改正私案 (平成22年8月17日起案)	行政書士法（抄） (昭和26年2月22日法律第4号)	社会保険労務士法（抄） (昭和43年6月3日法律第89号)
		の法人又は人に対して各本条の罰金刑を科する。

（注）　行政書士法第13条の22（立入検査）の規定が、風俗営業等の規制及び業務の適正化に同条文を掲載しておく。

税理士法（抄） (昭和26年6月15日法律第237号)	司法書士法（抄） (昭和25年5月22日法律第197号)	土地家屋調査士法（抄） (昭和25年7月31日法律第228号)
し、各本条の罰金刑を科する。		

等に関する法律第37条（報告及び立入り）と類似していることを明らかにするため、以下

（報告及び立入り）

第37条　公安委員会は、この法律の施行に必要な限度において、風俗営業者、性風俗関連特殊営業を営む者、第33条第6項に規定する酒類提供飲食店営業を営む者、深夜において飲食店営業（酒類提供飲食店営業を除く。）を営む者又は接客業務受託営業を営む者に対し、**その業務に関し報告又は資料の提出を求めることができる。**

2　**警察職員は、この法律の施行に必要な限度において、次に掲げる場所に立ち入ることができる。**ただし、第一号、第二号又は第四号から第六号までに掲げる営業所に設けられている個室その他これに類する施設で客が在室するものについては、この限りでない。

　一　風俗営業の営業所
　二　店舗型性風俗特殊営業の営業所
　三　第2条第7項第一号の営業所の事務所、受付所又は待機所
　四　店舗型電話異性紹介営業の営業所
　五　第33条第6項に規定する酒類提供飲食店営業の営業所
　六　前各号に掲げるもののほか、設備を設けて客に飲食をさせる営業の営業所（深夜において営業しているものに限る。）

3　前項の規定により警察職員が立ち入るときは、その身分を示す証明書を携帯し、関係者に提示しなければならない。

4　第2項の規定による権限は、犯罪捜査のために認められたものと解釈してはならない。

●本表以外の資格士法
・弁護士法（昭和24年6月10日法律第205号）
・公認会計士法（昭和23年7月6日法律第103号）
・弁理士法（平成12年4月26日法律第49号）

●著者略歴

後藤　紘和（ごとう・ひろかず）

1945年生まれ。1972年行政書士登録、埼玉県行政書士会所属、埼玉県行政書士会副会長、行政書士賠償責任保険審査会会長歴任、現在埼玉県行政書士会相談役。
風俗営業、建設業などの営業許可手続、経営審査、経営相談などの企業法務、遺産相続、不動産・金銭貸借を中心とする民事・家事・商事・刑事事件など、幅広く実務をこなす。
主な著書に、『行政書士法の解説』、『行政書士制度の成立過程』（以上ぎょうせい）、『行政書士開業マニュアル』（東京法経学院）、『建設業財務諸表の作り方』、『許認可手続ガイドブック』（以上大成出版社）などがある。

行政書士　実務成功の条件と報酬額

2012年4月25日　第1版第1刷発行
2013年12月25日　第1版第2刷発行

著　者……後　藤　紘　和
発行者……松　林　久　行
発行所……株式会社 大成出版社

〒156-0042　東京都世田谷区羽根木1-7-11
TEL 03-3321-4131（代）
http://www.taisei-shuppan.co.jp/

印　刷……信教印刷

©2012　後藤紘和
落丁・乱丁はおとりかえいたします。
ISBN978-4-8028-3023-2

関連図書のご案内

行政書士ハンドブック
事務所経営と許認可業務のノウハウ＆マニュアル
編著■行政許認可手続研究会　代表　後藤紘和

8年ぶりの改訂版！
行政書士が知っておくべき経営や業務のノウハウが満載の一冊！
風俗営業等の許認可申請にも最適！

Ｂ５判・並製・定価（本体4,900円＋税）コード3029

新訂版 行政書士業務必携
編著■青山登志朗（元行政書士）

○行政書士の実務（業務内容から事務所経営のノウハウ、顧客対応まで）について最新の改正内容にて詳細に解説。
○他士業（弁護士、司法書士、社会保険労務士、税理士等）の業との競合分野、独占業務、業務区分についても丁寧に説明！
○行政書士として長年実務経験に裏打ちされた理論を積み上げ、根拠法をひきながら解説した内容に、今回、最近動きのあった業務分野に関する法律-商法、会社法の改正等の概念も参考として登記！
○関係法令（行政書士法等）も最新の改正内容にて登載！

Ａ５判・並製・定価（本体4,000円＋税）コード3099

〔改訂11版〕＜逐条解説＞ 建設業法解説
編著■建設業法研究会

建設業法を体系的に詳しく解説した唯一の定評ある逐条解説。
建設業法の条文ごとに、関係する他法令・政省令・告示・通知などを反映させて主旨や内容のポイント、解釈などを詳しく解説。

Ａ５判・上製函入・定価（本体6,000円＋税）コード2839

改訂20版 建設業の許可の手びき
編著■建設業許可行政研究会

建設業の許可の要否、許可の種類、許可の申請手続、記載要領などについて、わかりやすく解説した建設業の許可に関する決定版／
建設業法施行規則・告示等の補訂を加えた最新版！

Ａ５判・並製・定価（本体2,200円＋税）コード2876

改訂26版 建設業関係法令集
編集■建設業法研究会

建設業法をはじめ、およそ建設業に関係する法令・告示、通知類をこの1冊に登載した最新版！
最新の建設業法・同施行令・同施行規則に注釈、参照条文をつけ、関係告示・通知の全てを網羅し、体系的に収録！
○平成25年8月までの法令改正を盛り込んだ最新版！
○「建設業の許可」「経営事項審査」「技術者制度」「標準請負以契約款」「施工体制台帳」等建設業に関係する法令・告示・通知類を網羅した関係者必携の専門法令集！

Ａ５判・並製・定価（本体5,600円＋税）コード3019

改訂4版 公共工事標準請負契約約款の解説
編著■建設業法研究会

●平成22年7月の『公共工事標準請負契約約款』改正を盛り込んだ改訂版／
「契約当事者間の対等性確保」「工事延長や第三者に損害を与えた場合の当事者間の負担の明確化」「施工体制の合理化」「不良不適格業者の排除」等建設業工事の適正・円滑な施工を確保するため、『公共工事標準請負契約約款』が改正されました。

Ａ５判・並製・定価（本体3,800円＋税）コード3050

改訂8版 新しい建設業経営事項審査申請の手引
編著■建設業許可行政研究会

経営事項審査申請等の手続きについて、申請書等の記載例を含めてわかりやすく解説した最新版。

Ｂ５判・並製・定価（本体1,600円＋税）コード2999

わかりやすい 建設業法 Q&A
編著■(財)建設業適正取引推進機構

建設業の実務に密接に関係する「建設業法」に関する知識を図表等をまじえてQ&A形式でわかりやすく解説した関係者必携の図書！

Ａ５判・並製・定価（本体1,800円＋税）コード2995

現場監督のための相談事例 Q&A
著■菊一　功

現場監督に関心が高い労災かくしや偽装請負など様々な相談事例をQ&Aに！
発注者から施工業者、社労士までの建設現場必読書！

Ａ５判・並製・定価（本体1,800円＋税）コード2927

建設業の社会保険加入と一人親方をめぐるQ&A
著■菊一　功

社会保険未加入問題と一人親方の基礎知識をQ&A形式で解説！
○元労働基準監督官・社会保険労務士の視点で執筆
○加入指導、職権適用・保険料・遡及徴収・営業停止処分までの流れを解説
○一人親方等に対する国税庁の対応についても解説

Ａ５判・並製・定価（本体1,800円＋税）コード3121

株式会社 大成出版社
ご注文はホームページから

〒156-0042　東京都世田谷区羽根木1-7-11
TEL 03-3321-4131　FAX 03-3325-1888
http://www.taisei-shuppan.co.jp/